民族之魂

知人之明

陈志宏◎编著

延边大学出版社

图书在版编目（CIP）数据

知人之明 / 陈志宏编著 . -- 延吉：延边大学出版社 , 2018.4（2023.3 重印）

（民族之魂 / 姜永凯主编）

ISBN 978-7-5688-4518-2

Ⅰ . ①知… Ⅱ . ①陈… Ⅲ . ①品德教育－中国－青少年读物 Ⅳ . ① D432.62

中国版本图书馆 CIP 数据核字（2018）第 069095 号

知人之明

————————————————————————

编　　　著：陈志宏

丛 书 主 编：姜永凯

责 任 编 辑：王　静

封 面 设 计：映像视觉

出 版 发 行：延边大学出版社

社　　　址：吉林省延吉市公园路 977 号　　邮编：133002

网　　　址：http://www.ydcbs.com　E-mail：ydcbs@ydcbs.com

电　　　话：0433-2732435　　　　传真：0433-2732434

发行部电话：0433-2732442　　　　传真：0433-2733056

印　　　刷：三河市同力彩印有限公司

开　　　本：640×920 毫米　　　1/16

印　　　张：8　　　　　　　　字数：90 千字

版　　　次：2018 年 4 月第 1 版

印　　　次：2023 年 3 月第 2 次印刷

ISBN 978-7-5688-4518-2

————————————————————————

定价：38.00 元

人有灵魂，国有国魂；一个民族，也有民族魂。

鲁迅先生曾经说过："唯有民魂是值得宝贵的，唯有他发扬起来，中国才有真进步。"

鲁迅先生以笔代戈，战斗一生，曾被誉为"民族魂"。

民族魂，顾名思义，就是一个民族的灵魂！民族魂，是一个民族的精髓，体现了一种民族的精神，是一个民族生存和存在的精神支柱。

前 言

什么是中华民族的民族魂？那就是中华民族精神！它是中华民族凝聚力的理念核心，是中华文明传承的基因。它包含热烈而坚定的爱国情感，对生活的美好愿望和追求，为目标努力奋斗的拼搏毅力，为正义事业不惜牺牲自己的精神，以及正确的人生观和价值观。

翻开浩瀚的中国历史长卷，我们可以看到数不胜数的、体现民族精神和民族魂的英雄人物和可歌可泣的感人故事。

民族魂，不仅体现在爱国主义精神和行动中，而且体现在各个领域自强不息的民族奋斗中。而中华民族精神的力量，更是深深植根于延绵几千年的传统文化之中，始终是维系中华各族人民共同生活的纽带，是支撑中华民族生存和发展的精神支柱，是不断推动中华民族前进的强大动力。

民族魂体现在"重大义，轻生死"的生死观中；民族魂体现在"国家兴亡，匹夫有责"的使命感中；民族魂体现在"我以我血荐轩辕"的大无畏精神中；民族魂体现在将国家利益置于最高的爱国情怀中！

纵观中华五千年文明史，曾经有多少杰出的政治家、军事家、思想家、文学家、科学家、艺术家；曾经有多少忧国忧民、鞠躬尽瘁的仁人志士；曾经有多少抗击外敌、英勇献身的民族英雄。他们或顺应历史潮流，积极改革弊政，励精图治，治国安邦，施利于民；或为人类进步而不断进行着农业、工业、科技、社会等各种创新；或开发和改造河山，不断创造着灿烂的中华文明；或英勇反击外来侵略，捍卫着国家主权和民族尊严；或坚决反对民族分裂，维护国家的统一……他们从不同的侧面，体现了中华民族的民族魂，谱写了几千年中华文明的壮丽诗篇，铸造了中华民族高尚而坚不可摧的"民族之魂"。

民族魂，就是爱国魂。从屈原在汨罗江边高唱的《离骚》，到文天祥大义凛然赴死前的"人生自古谁无死，留取丹心照汗青"的诗句；从岳飞的岳家军抗击入侵金兵，到郑成功收复台湾；从血雨腥风的鸦片战争，到硝烟弥漫的十四年抗战，再到抗美援朝的隆隆炮声……哪个为国捐躯的英雄不是可歌可泣的？

民族魂，就是奋斗魂。从勾践卧薪尝胆，到司马迁秉笔直书巨著《史记》；从鉴真东渡传播佛法终在第六次成功，到詹天佑自力更生建铁路；从袁隆平百次实验成为"水稻之父"，到屠呦呦的青蒿素获得诺贝尔奖……哪个不是历经艰难，最终取得成功？

民族魂，就是改革献身魂。从管仲改革到商鞅变法；从王安石变法到百日维新……哪次变法图强不是要冲破

民族之魂

旧势力的阻挠，或流血牺牲？

民族魂，就是创新魂。古有毕昇发明活字印刷，今有王选计算机照排；古有指南针、造纸术、火药、浑天仪、地动仪的发明，今有神舟号的相继飞天……哪个不是中华民族的智慧结晶？

自古以来，多少仁人志士为了维护人格的尊严和民族气节，以生命为代价！留下了"玉可碎不可污其白，竹可断不可毁其节"的称颂；有多少英雄豪杰，为理想和事业奋斗，面对死亡的威胁，大义凛然；有多少爱国壮士面对侵犯祖国的列强，挺身而出而献出生命。

伟大的中华民族孕育了五千年的辉煌，五千年的历史留下了璀璨的中华文明。

前 言

中国人的血脉流淌着顽强不屈的精神！我们的先辈用血汗和生命铸就了不朽的中华民族魂！换得如今中华大地的一片祥和安宁，换得我们现在的幸福生活。如今，我们要实现习近平主席提出的中国梦，依然需要我们秉承祖辈留下的这种"民族魂"。

青少年是国家的希望，亦是民族的未来。因此，爱国主义教育和励志图强教育要从青少年开始。为了增强对青少年的民族精魂和志向教育，我们精心编写了本套丛书——《民族之魂》丛书。

本套丛书将我国有史以来体现民族精神和民族魂的典型事迹，以通俗易懂的语言故事形式展现出来，适合青少年的阅读水平和欣赏角度。书中提供的人物和事件等故事，涉及社会的各个方面，有利于青少年学习和理解，使读者能全方位地领悟中华民族精神。

为了帮助读者更好地理解和吸收故事的精神，编者在每篇故事后还给出了"心灵感悟"，旨在使故事更能贴近现实社会，让读者结合自身的需要学习领会，引发读者更深入的思考。

希望读者们可以从本套图书中获得教益，通过阅读，真正体会到中华民族之魂所在，同时能汲取其精华，不断提升自己各方面的素质和品格，为祖国新时代的建设和发展做出努力。

全套丛书分类编排，内容详尽，风格独具，是广大读者尤其是青少年爱国励志教育的优秀阅读材料。相信本套丛书一定可以成为青少年朋友的良师益友。

导言

　　我国古代哲人老子曾说："知人者智，自知者明。"人是否明智，在于是否能自知和知人，知之越深，就越能明察秋毫、越睿智。古语有"经世之本，以知人为上"之语，自古以来，帝王将相大多以知人而用人、胜人，并最终成就霸业。知人善用的典范，如刘邦。刘邦开汉朝400年基业，最大的本事即在于知人善用，用他自己的话说即："夫运筹帷幄之中，决胜千里之外，吾不如子房；镇国家，抚百姓，给馈养，不绝粮道，吾不如萧何；连百万之军，战必胜，攻必取，吾不如韩信。此三者，皆人杰也，吾能用之，此所以取天下也。"

　　知人之术多为帝王将相所学，姜太公兵法中有"八证"，即八种识人术。诸葛亮也在《将苑·知人性》中总结了他知人识人的办法："一曰，问之以是非而观其志；二曰，穷之以辞辩而观其变；三曰，咨之以计谋而观其识。"简单来说，知人之术就是考察、试探两个方面。知人者用人胜人，成就英雄豪杰；知己者克己自胜，成就圣哲贤人。人贵有自知之明，自以为自知同真正自知不同，自以为了解自己是大多数人容易犯的毛病，然而真正了解自己的人却很少。人生如秤，对自己的评价轻了容易自卑，重了又容易自大，只有秤准了，才能实事求是、恰如其分地了解自我，完善自我。

也只有对自己了然于心，才能做到自知之明。现实中，人们常常自信和自重，总觉得高人一等，办事忽左忽右，不知轻重，结果造成许多不必要的尴尬和悲剧。当然也有看轻自己的人，其表现往往自轻自贱，多委靡少进取，总以为自己不如人，自惭形秽，经常处于无限的自卑之中。

自知之明来源于自我修养和慎独，因为自省才能自制自律，自律才能自尊自重，自重才能自信自立。自尊为气节，自知为智慧，自制为修养。知人和自知相辅相成，观察别人的言行可以更好地了解和剖析自己，洞悉自己内心世界的活动也可更好地了解别人。自知度越高，求知欲越强，掌握的知识越多，知人的本领越大，就会越感到自身的不足。自知是求知的动力，而求知则是自知的发展和升华。如果能做到自知和知人，那我们处世的智慧、修养和气节就会被人称道，事业也会蒸蒸日上。

本书中，我们精心选编了一些体现"自知知人"精髓的事例，希望读者通过阅读此书，可以更深刻地理解它的内涵意义，并从中受到启迪。在自己的日常生活和学习工作中，能够以他们为楷模，博学广览，不断增加自己的知识学问和能力，做到既有自知之明，又能慧眼识人，不断地完善自我，继承和弘扬中华民族"自知知人"的传统美德，为和谐社会的建立做出自己的贡献。

目录
CONTENTS

第一篇
自知之明乃为贤

孔子问童悟自知

孔子（公元前551—前479），子姓，孔氏，名丘，字仲尼。鲁国陬邑（今山东省曲阜市南辛镇）人。春秋末期的思想家和教育家，儒家的创始人。孔子集华夏上古文化之大成，在世时已被誉为"天纵之圣""天之木铎"，是当时社会上的最博学者之一，并且被后世统治者尊为孔圣人、至圣、至圣先师、万世师表。孔子和儒家思想对中国和朝鲜半岛、日本、越南等地区有着深远的影响，因而这些地区又被称为儒家文化圈。

在河南省修武县城西堡村西头的路旁矗立着一块石碑，石碑的上面刻有五个楷书大字：孔子问礼碑。关于这座石碑，还流传着一个关于孔子的小故事。

2000多年前春秋时期的一天，孔子向一个7岁的孩子项橐问"礼"的事，就发生在这里。

孔子为了推行自己的儒家学说，经常由他的学生们陪伴，驾着车周游列国。

有一天，孔子和他的学生来到郑国。

当孔子一行人驾着车走在马路上时，忽然看到一个小孩子正在马路中间玩耍，并且堆砌了一堆碎石烂瓦，挡住了孔子的车。驾车的子路便对那个孩子吆喝道："喂，小孩子，让开，让我们的车过去！"

可是，那个孩子却理都不理子路，仍然专心致志地堆砌着瓦石。

孔子见了，就从车上走下来，到那小孩子面前，生气地问："喂！你这小孩子是怎么回事？赶快到边上去玩，不要在这儿挡住我们的车！"

孩子抬头，望了望孔子，反问道："老人家，您看看我修造的是什么？"

孔子低头一看，地上是孩子用碎石烂瓦堆砌成的一座城堡。

孔子不耐烦地说："不要闹了！你这个孩子真是不懂礼节！你挡住了我的车，耽误我赶路了啊！"

孩子眨眨眼睛，又问孔子说："您是说我不懂礼节吗？那么请问老人家，世上是车给城让路，还是城给车让路呢？"

知识渊博的孔子被孩子问得竟然不知如何回答。

孔子想：是啊，我们不能把这个孩子摆的城池当成玩耍。我把它当成玩耍，可孩子却不是这样的，他认为这就是一座城池。所以，不能说孩子是错的。再说，城是死的，车是活的，城当然不能给车让路，应该是车绕道过去。还有，人家孩子的城池是先有的，我是后经过这里呀……我倡导礼义，看来我还不如这个孩子懂得礼节……

想到这儿，孔子便不生气了，笑着问孩子："你说得对。你叫什么名字？"

孩子回答说："我叫项橐。"

孔子又问："你几岁了？"

项橐说："7岁。"

孔子感慨地对自己身旁的学生说："三人行，必有吾师。项橐这孩子很懂礼节，虽然年龄小，但在这一点上是可以做我的老师啊！"

说完后，孔子告别了项橐，和学生们驱车绕着"城"过去了。

■故事感悟

孔子说，三人行必有吾师。就是说，人应有自知之明，有时自己的观点是正确的，有时也可能是错误的。哪怕是面对一个小孩子，也不要轻视他，而是汲取他的长处，视他为老师。人若都能这样自知，在生活中就会少出差错。反之，则可能做出许多愚蠢的事，被人耻笑。

■史海撷英

孔子晚年

孔子晚年可谓颠沛流离。公元前484年，年近七十的孔子被季康子派人迎回鲁国，并尊为国老，但却并未受到鲁哀公的任用。

这一期间，孔子专注教育和古籍整理。哀公十二年（公元前483年）冬，孔鲤先孔子而死。哀公十四年（公元前481年），颜回又先他而去。孔子感慨地说："昔从我于陈蔡者，皆不及门也。"

哀公十四年夏，齐国陈恒弑其君，孔子斋戒沐浴三天，向哀公恳请伐齐，哀公让他"告季孙"。孔子便又向季孙请求出兵，结果被拒绝。

公元前479年，孔子逝世，终年73岁，葬于曲阜城北的泗水岸边。众弟子为其服丧3年，子贡更是为孔子守坟6年。

孔 子

（北宋）王安石

圣人道大能亦博，学者所得皆秋毫。

虽传古未有孔子，蚁蠓何足知天高。

桓魋武叔不量力，欲挠一草摇蟠桃。

颜回已自不可测，至死钻仰忘身劳。

邹忌比美悟道

邹忌（约前385年—前319年），战国时代齐国人。《史记》亦作驺忌。田齐桓公时为重臣，齐威王时为相，封于下邳（今江苏邳县西南），号成侯。后又事齐宣王。

战国时期，齐威王的相国邹忌长得很帅气，身高八尺，体格魁梧，十分漂亮。与邹忌同住在一个城内的徐公也是一位长相十分俊美的人，是齐国有名的美男子。

有一天早晨，邹忌起床后，梳洗完毕，穿好衣服，便信步走到镜子面前仔细端详自己全身的装束和模样。他觉得自己长得的确非常俊美，于是就随口问妻子说："你看，我跟城北的徐公比起来，谁更漂亮呢？"

妻子走上前，一边帮邹忌整理衣襟，一边回答说："当然是您长得漂亮了，那徐公怎么能与您相比呢？"

邹忌有点不大相信，因为城北的徐公是大家公认的美男子，自己恐怕比不上他，因此他又去问他的妾："我和城北徐公相比，谁漂亮些呢？"

他的妾连忙说："大人您比徐公漂亮多了，他哪能和大人相比呀！"

第二天，有一位客人来访，邹忌坐下陪客人聊天，便又想起了昨天的事，所以又问客人说："您看我和城北徐公相比，谁漂亮？"

客人毫不犹豫地说："徐公根本比不上您，您比他漂亮多了！"

邹忌这样进行了三次调查，大家都认为他比徐公漂亮。可邹忌是个很有头脑的人，并没有因此而沾沾自喜。

过了一天，城北徐公恰好有事来邹忌家拜访，邹忌第一眼就被徐公那气宇轩昂、光彩照人的形象惊住了。两人交谈时，邹忌还不住地打量着徐公，觉得自己长得根本不如徐公。为了证实这一结论，他还偷偷地从镜子里面看看自己，再调过头来瞧瞧徐公，结果更觉得自己长得不如徐公。

晚上，邹忌躺在床上，反复思考着这件事：既然自己长得并不如徐公漂亮，为什么自己的妻、妾和客人都说自己比徐公漂亮呢？

想到最后，邹忌总算明白了：原来这些人都是在恭维我啊！妻子说我美，是因为偏爱我；妾说我美，是因为害怕我；客人说我美，是因为有求于我。如此看来，我是受了身边人的恭维赞扬而认不清真正的自我了呀。

□故事感悟

邹忌贵在有自知之明。这个故事告诉我们：人处于一片赞扬声里一定要保持清醒的头脑，特别是居于高位的人，更要有自知之明，这样才不至于在别人的恭维声中迷失方向。

□史海撷英

淳于髡鬼才辩圣贤

战国时期，邹忌曾凭借着自己奏琴的本事拜见了齐宣王，齐宣王很看重他。邹忌就对齐宣王说，奏琴与治理国家是一样的道理，然后又与齐宣王说明了奏琴为什么像治理国家一样以及称霸的事情。齐宣王十分高兴，拜邹忌为相国。

于是，齐国人便开始谈论邹忌成为相国这件事情。以淳于髡为首的一些人都非常轻视邹忌，想找个机会与邹忌辩论，大家都认为邹忌肯定比不上自己。

有一天，淳于髡约好众人一起去见邹忌，准备羞辱他一番。淳于髡等人表现得都很傲慢，而邹忌却表现得很谦卑。淳于髡问："白狐狸的毛皮做的衣服，补上坏羊皮，怎么样？"

邹忌恭敬地回答说："不敢这样把东西弄坏。"

淳于髡又问："对内刚强，而对外圆滑，怎么样？"

邹忌回答："在内谨慎，而不给外人机会。"

淳于髡再问："三个人共同养一只羊，羊没有吃饱，人也不能歇息，怎么样？"

邹忌回答说："减少税吏，减少官员，这样才能不使民困扰。"

淳于髡等人对邹忌的回答十分佩服，再也没有什么可说的了，只好离开。此时，邹忌表现得很高傲，而淳于髡等人表现得却很卑微！

■文苑拾萃

邹忌说琴谏齐王

（西汉）司马迁

邹忌子以鼓琴见威王，威王说而舍之右室。

须臾，王鼓琴，邹忌子推户入曰："善哉鼓琴！"王勃然不说，去琴按剑曰："夫子见容未察，何以知其善也？"

邹忌子曰："夫大弦浊以春温者，君也；小弦廉折以清者，相也；

攫之深而金之愉者，政令也；钧谐以鸣，大小相益，回邪而不相害者，四时也。吾是以知其善也。"

王曰："善语音。"

邹忌子曰："何独语音，夫治国家而弭人民皆在其中。"

王又勃然不说曰："若夫语五音之纪，信未有如夫子者也。若夫治国家而弭人民，又何为乎丝桐之间？"

邹忌子曰："夫复而不乱者，所以治昌也；连而径者，所以存亡也：故曰琴音调而天下治。夫治国家而弭人民者，无若乎五音者。"

王曰："善。"

蔡泽审时劝范雎

蔡泽（生卒年不详），战国时期燕国人。博学善辩，为纵横家代表人物之一。先前游学过很多大小诸侯国，但未被人发现其才学，所以一直怀才不遇。后被秦昭王拜为客卿，代范雎为秦相，曾为秦王政出使于燕，使太子丹入质于秦。

范雎相秦，屡献奇谋，帮助秦昭王屈三晋之兵，破六国合纵之谋，使天下诸侯畏惧秦国，秦昭王为此也视范雎为股肱之臣。

范雎担任宰相后，又向秦昭王举荐了郑安平和王稽，昭王便拜郑安平为将军，封王稽为河东郡守。

后来，范雎因为与武安君白起有隙，便进谗言，让昭王杀了白起，保荐郑安平率军攻打赵国。结果郑安平领军无方，被赵军包围，郑安平率领的两万士卒全部投降了赵国。

昭王闻讯后大怒，灭掉了郑安平的整个家族。秦法规定："任人而所任不善者，各以其罪罪之。"也就是说，被保荐者如果犯罪，保荐之人也应受到同等的刑罚。这样一来，范雎就应处以拘捕三族之罪。

范雎十分害怕，昭王却再三抚慰范雎，还让他复职。当时群臣对此都议论纷纷，昭王即下令道："郑安平之事，与丞相无涉。有再敢言其事者，与郑安平同样论处。"

此后，秦昭王对待范雎比以前更加器重了，所赐的食物一日丰于一日，范雎有时都觉得过意不去。

秦昭王五十一年（公元前256年），秦攻韩，西周君恐，遂背秦，与诸侯合纵，率天下锐师出伊阙（今河南洛阳西南龙门）攻秦。

昭王大怒，派军攻打西周，取西周都城河南（今洛阳西）。西周君（西周武公）被迫降秦，入秦叩头谢罪，尽献城邑36座，户3万。

昭王接受了西周君的进献，迁西周君于思狐（今河南洛阳市南，临汝县西北），西周遂亡。周赧王在位，名为天子，实则依附西周以存身。秦灭西周，不久，周赧王卒，秦取九鼎宝器，陈列于秦太庙之中，布告列国，俱要朝贡称贺，韩、齐、楚、燕、赵五国皆遣使入贺，独魏国使者未到，昭王怒，命河东郡守王稽领兵袭魏。

王稽素与魏国私通，接受魏国的财物，便将这件事告诉魏王。魏王很害怕，忙遣使入秦谢罪，魏国听令于秦。后来昭王得知王稽私通外国，盛怒不已，召王稽入都，将其斩首。自此，范雎愈加不安，经常称病不上朝。

昭王每次临朝而叹，范雎见了，便会上前对昭王道："臣闻'主忧则臣辱，主辱则臣死'。今大王坐朝而叹，臣等不能为大王分忧，特此请罪。"

昭王说道："寡人听说楚国铁剑锋利无比，歌舞技艺却很笨拙。铁剑锋利说明士兵尚武，不迷恋歌舞说明朝廷谋略深远。楚王深谋远虑，统率着勇敢的士兵，恐怕就要图谋秦国。凡事如不及早做好准备，就不足以应付突然事变。如今武安君已死，郑安平叛变，外多强敌，而内无良将，寡人是以常忧。"

昭王想以此来激励范雎，可是范雎闻言却惭愧不已，没有良策答对，只是愈加恐惧，只得默然退出。

秦昭王五十二年（公元前255年），燕国辩士蔡泽听说范雎在秦处境不利，便来到秦国。蔡泽博学善辩，才高八斗，曾游说诸侯，却得不到赏识。听说唐举善于相面，便去请唐举看相，对唐举道："闻先生曾为赵国李兑看相，预言李兑'百日之日可持国秉政'，有这样的事吗？"

唐举答道："确有其事。"

蔡泽又问道："臣下，先生以为何如？"

唐举端详一番，笑道："先生之鼻上翻，肩高脖短，面大鼻凹，双膝蜷曲。我闻圣人不在乎相貌，殆谓先生乎？"

蔡泽知唐举嘲笑于他，便以大言回敬唐举道："富贵臣本来自有，所不知者为寿数耳。"

唐举道："先生之寿，从今而后还有43年。"

蔡泽听了，遂向唐举致谢，然后离去，并大声对其御者讲话，以让唐举知晓。蔡泽言道："臣手持精米饭，口食肥肉，乘华车骏马，怀抱黄金印，腰系紫色绶带。面见君王，行君臣之礼；领取俸禄，享受荣华富贵，43年足矣！尚有何求？"

唐举大笑，礼送蔡泽而去。

蔡泽复游说列国，先赴赵国，遭到驱逐。后往韩、魏，于野外被强盗抢走炊具。又闻听范雎保荐的郑安平、王稽皆得重罪，范雎已经违反了秦朝的律法，又是惭愧又是恐惧，举措失利，便西赴秦国。

蔡泽欲游说昭王，故意派人扬言激怒范雎道："燕国辩士蔡泽，乃是名扬天下的雄辩有识之士，特来求见秦王。秦王如若见我，必令我代彼之位，相印可垂手而得。"

范雎闻言，答道："五帝三代之事，百家之说，我无所不闻，巧辩之士，遇我则屈。蔡泽乃无名之辈，何能难我，又岂能游说秦王，夺我相印呢？"于是派人去召蔡泽。

蔡泽见到范雎，神态傲慢，仅向范雎拱手施礼，长揖不拜。

范雎本来就非常恼怒，召见蔡泽，范雎既不出迎，亦不行宾主相见大礼，更不命坐，只是踞坐堂中会见蔡泽。待见蔡泽举止骄矜傲慢，更加动怒，便厉声责问蔡泽："扬言取代我秦国宰相的，可是你吗？"

蔡泽昂首答道："正是。"

范雎道："你有何等韬略，可以夺我相位？"

蔡泽道："唉，您的见识何以落后到如此地步呢？夫四时循环往复，前者退，后者进，如今您应该退隐矣！"

范雎道："我不自退，谁能令我退之？"

蔡泽道："以仁为根本，匡扶正义，执行原则，施行恩惠，辅佐贤君实现自己的宏愿，难道不是我等聪明才辩之士所希望的吗？"

范雎道："是的。"

蔡泽道："既已得志于天下，富贵显荣，又能保守事业，永远流传，与天地一样长存，难道不是圣人所说的吉祥善事吗？"

范雎道："是的。"

蔡泽道："终其天年，享受俸禄，传之子孙，使名声与实际相符，恩德流传广远，难道不是您的愿望吗？"

范雎答道："正是。"

说到这里，蔡泽将话锋一转，反诘范雎道："至于秦国的商鞅，楚国的吴起，越国的大夫文种，皆功成天下而身不得其死，也是您所愿意的吗？"

范雎暗暗地想："这个人口齿伶俐，步步相逼，如果我说不愿意，正中其说术。"

因此，范雎便假装答应说："有什么不愿意的呢？商鞅侍奉秦孝公，忠贞不贰，尽公无私，变法图强，富国强兵，为秦国拓地千里；吴起侍奉楚悼王，令私不损公，谗言不蔽忠良，制订法令，废贵戚以养士卒，南平吴越，北却三晋，威慑诸侯；大夫文种侍奉越王勾践，即使君主处境困厄，遭受凌辱，也尽忠不懈，终使越国转弱为强，并吞吴国，为其主雪会稽之辱。此三人，为节义的典范，忠贞的准则，虽不得其死，却功垂天下，名传后世。大丈夫杀身以成仁，视死如归，何怨之有？"

蔡泽听完，说："商君、吴起、文种作为臣子，所作所为为世人称道，而君主却错待他们，三人功劳卓著得不到好报，难道世人会羡慕他们冤屈而死吗？如果等到死后方可以立忠成名，那么，孔子就不配称为圣人，管仲就不配称为达人了。人们建功立业，难道不希望性命及声名俱全吗？故大夫立身处世，身名俱全者，上也；名传身死者，次也；名辱身全者，为下耳。"

这一番话正说中范雎的心事，范雎不由得点头表示赞许。蔡泽进一步进言说："辅助君主，修明政治，富国强兵，使王室显赫，声威慑于四海，功业昭著天下，声名流传万代，您与商鞅、吴起、文种相比何如？"

范雎道："我固不如。"

蔡泽道："如今您的功绩和所受到的宠爱比不上商鞅、吴起、文种，而您的俸禄多，地位高，财富超过他们，如不及时隐退，后果会比他们更惨。常言道：'日中则移，月满则亏，物盛则衰。'事物发展到极点就要衰落，进退盈缩，须随时势变化，此为圣人处世之常道。您担任秦国宰相，计不下席，谋不出廊庙，坐制诸侯，威慑诸侯，功劳已达到极点，如还不隐退，就会落得与商鞅、吴起、文种同样的下场。我听说过如此之言：'鉴于水者见面之容，鉴于人者知吉与凶。'古书上又说：'成功之下，不可久处。'商鞅、吴起、文种三人的灾祸，为什么您还要承受呢？您如乘机交还相印，让给贤德之人，自己归隐林泉，既可以得到尧时许由和吴国延陵季子辞让的美称，又可以得到商末伯夷、叔齐归隐的贤名，世世代代享受君王的俸禄。这样的结果和遭受灾祸的结果相比，您选择哪一种呢？"

蔡泽还要继续往下陈述，范雎早已被蔡泽之言深深打动，忙起身离座，对蔡泽道："先生自谓雄辩有智，果然不虚。我听说：'欲而不知足则失其所欲，有而不知止则失其所有。'幸蒙先生见教，雎敢不受命。"

于是，范雎毕恭毕敬地请蔡泽入座，待以客礼，将其尊为上宾。

过了几天，范雎入朝，对秦昭王说："有个朋友名叫蔡泽，近日从山东来见我。此人通达时变，有经天纬地之才，足以辅佐秦政，成就君主三王五霸那样的事业。臣下见过的辩客很多，无人可同他相比，臣亦不及他，故冒昧地向大王举荐。"

昭王于是召见蔡泽，向他问及治国图强及兼并六国之计，蔡泽都对答如流。昭王十分高兴，便拜蔡泽为客卿。

范雎此后便乘机托病，请归相印，昭王虽然不答应，勉强使范雎理事，但心中早已看中了蔡泽。后来，范雎又再三以病笃相推，昭王便拜蔡泽为宰相。于是，范雎辞相隐退，安度晚年，终老于应（今河南鲁山县东）。

■故事感悟

功成身退，这是在封建政治角逐之后的选择。不过，旁观者清，当事者迷，没有人来指示一下，自己往往会"舍不得"荣华富贵。蔡泽审时度势，及时奉劝范雎隐退，以保持功名及俸禄，不使灾祸及身。以古代圣人之道为准则，知进退盈缩，与时变化，故能避灾免祸，善始善终。

蔡泽为相

秦昭王时期，蔡泽在秦国做了几个月的相国，便遭人恶语中伤。蔡泽害怕自己被杀，便推托有病退回了相印，后来被赐封号为纲成君。

蔡泽在秦国居住了十多年，曾奉事过昭王、孝文王、庄襄王，最后还辅佐过秦始皇，曾为秦国出使过燕国。三年后，燕国的太子丹到秦国做人质。

蔡泽曾说过这样一句话："夺君相位者，蔡泽是也！"可见其是何等的自信！

蔡泽庙

（宋）李鹰

从横事捭阖，揣摩相抵巇。
兹为富贵术，咄嗟乃自知。
相形直误人，俾无百年期。
遂汝齿肥心，庙食饱牲牺。

曹参"为汉相国出入三年"

曹参(？—前190)，字敬伯。泗水郡沛县(今江苏沛县)人。是继萧何后的汉代第二位相国，在楚汉战争和平定异姓诸侯王中参与多次战争，立功最多，作战勇猛，曾经负伤70处，成为汉军中的主要人物。曾经攻下两国，122个县，俘虏诸侯王两名、高官十数人，封平阳侯。后因萧何推荐，继任相国。虽然与萧何感情不睦，但仍然依循萧的制度，实施黄老无为而治，天下安定，世称"萧规曹随"。

成语"萧规曹随"中，"萧"指的是萧何，"曹"指的是曹参。

曹参是汉王朝的第二代相国，也曾立下卓越战功，但他为相不如萧何，为将不及韩信。为相，萧何是立法者，曹参只是守成者；为将，韩信大开大阖，动辄倾国倾城，改变天下格局，曹参只能小打小闹，但也能聚沙成塔，集腋成裘。

所以，在汉代初年那个风起云涌、人才辈出的时代，曹参虽然能够出将入相，其实才华平平，能力有限。不过，曹参也有他自己的长处。现在看来，曹参的长处主要有两个：会做人，能自知。

曹参的这两个优点，其实也不算什么天生的禀赋或才能，而是后天的经验与修养所致。

曹参一生的事业大概可以分为两个阶段。前一阶段主要是"为将"阶段。在这一时期，曹参主要在战场上担任刘邦和韩信的副手，从反秦到灭楚，曾参与过无数次战争。不过，他的这些成就虽然不可忽视，却是当时任何一个长期征战沙场的将军都能取得的，因为那些战役多为韩信指挥有方的缘故。这也说明，曹参在战场上做不到独当一面，也没有特别杰出的表现。

不过，刘邦却一直非常信任曹参。刘邦虽然是个多疑的人，但他从未怀疑过曹参。韩信在官拜大将军时，曹参就被刘邦指派为韩信的副手，身负监视韩信的特殊使命。

刘邦攻打项羽时，在成皋兵败，导致全军覆没，刘邦也落荒而逃。当时，刘邦身边只有为他驾车的夏侯婴一人。最后，刘邦终于狼狈不堪地逃到韩信军中。

当时正值夜半，韩信正在酣睡，早已安插在韩信身边的曹参出来接驾。刘邦正是在曹参的带领下，直接冲入韩信的卧室，将兵符收为己有，夺回了军权，并立即重振声势。

曹参前期为将未见奇功，但从"为将"到"为相"的转折过程中，却遇到一个名为"盖公"的道家，从此他的性格也出现了转变，从而成就了他后期的事业。

汉惠帝元年，朝廷废除了诸侯国设置相国的规定，改"相国"为"丞相"，并改派曹参为齐国丞相。当年，曹参本来就是齐王韩信的相国，韩信被刘邦封为楚王后，曹参也交还了相印。后来，刘邦又把长子刘肥封为齐王，同时任命曹参为相国。再后来，曹参改为齐国丞相，统辖齐国70座城池。

天下刚定，百废待兴，曹参将齐国的长老和儒生召集起来，讨论安定百姓的方法。齐国的儒生很多，众说纷纭，让曹参不知所从。这时，他听说胶西有一位名叫盖公的高人，精通黄老之学，便立即派人用重金厚礼将其请来，向其求教治国之策。

盖公只说了一句话："治道贵清静而民自定。"也就是说，要"无为而治"。这也是道家政治哲学的总原则、总纲领。

曹参认为，盖公所说的理论虽然简单，但却很有道理。因此，他对盖公十分佩服，亲自将自己的房子腾出来让盖公住，将盖公长期供养起来，以便能时时请教。

依靠盖公所提出的黄老之术，曹参在齐国担任了9年的丞相，百姓安居乐业，齐人都称他为"贤相"。

曹参的天赋和悟性都不高，仅能达到道家境界的中等层次。不过，曹参从黄老之术中受益匪浅。也正是因为他学了盖公的黄老之术，使他在为人处事方面都颇有自知之明。

惠帝二年（公元前193年），萧何去世。曹参在齐国听到这个消息后，马上命手下收拾好行装，然后对手下说："我马上就要到朝廷去当相国了。"

不久，朝廷果然遣使者来召曹参回朝。断定自己必将替代萧何的位置，"当仁而不让"，这就是自知之明。

曹参代替萧何担任相国后，"举事无所变更，一尊萧何约束"。曹参很清楚，自己的才能比不上萧何，所以也没有必要画蛇添足，这也是他的自知之明。

曹参在担任相国后，每天除了饮酒睡觉，几乎什么事也不做。久而久之，不但同僚们不能理解，就连汉惠帝也有些生气了。

当时，曹参的儿子也在朝中为官，汉惠帝就让他回家质问父亲曹参："先帝当年托付重臣辅佐皇上，现在皇上还很年轻，而你身在相国之位，却每天饮酒睡觉，也不向皇上请示汇报，这样怎么考虑天下大事呢？"

曹参之子回家后就劝谏父亲。谁知曹参一听，勃然大怒，把儿子狠狠地打了一顿，还责骂他说："你知道什么？也敢谈论天下大事！赶快给我进宫伺候皇上去！"

曹参责打的是自己的儿子，得罪的却是汉惠帝。这下汉惠帝更加生气了，在朝会上就当面谴责曹参。

曹参马上谢罪，然后问汉惠帝："请陛下自己考虑一下，陛下的圣明神武比得上高帝吗？"

惠帝回答说："我怎敢与先帝相比！"

曹参又问："陛下看我与萧何，哪一个更加高明？"

惠帝说："依我看，你似乎不及萧何。"

曹参继续说："陛下说的是！高帝与萧何平天下，定法令，一应俱全，明确无误。现在，陛下只需要垂衣拱手、无为而治即可；而我等一班朝臣也守住职位，按部就班，遵循原有法度而不改变，不也就可以了吗？"

惠帝无言以对，只好说："好吧！曹参，你现在可以回去休息了。"

如果说曹参对自己有自知之明，那么他对别人则能难得糊涂。

曹参整天不理政事，痛饮美酒，卿大夫以下的官吏和曹参的宾客在拜访他时，都想劝劝他，但曹参根本不给他们说话的机会。每次这些人一来，曹参马上就向他们敬酒，使他们根本没有开口的机会。直到他们喝得醉醺醺地离去，曹参都始终不让他们有开口劝谏的机会。

有一次，曹参的随从官员对曹参的行为很厌恶，但又无可奈何，只好心生一计，请曹参到后花园游玩。

曹参应邀去了，酒徒们的喧哗也飘到了后花园，随从趁机陈言，希望相国把他们招来处罚。不料曹参哈哈一笑，马上叫人搬来坐席，取来美酒，自己也坐下开怀畅饮起来，在花园里与那伙醉鬼隔墙遥相呼应。

□故事感悟

司马迁说，曹参"为汉相国，出入三年"，其政绩是"载其清净，民以宁一"。"清净"，也就是"清静""载其清净，民以宁一"，也就是盖公所说的，"贵清静而民自定"。曹参因为有自知之明，或许不算一员杰出的"良将"，然而的确是一位不错的"贤相"。

□史海撷英

巨鹿之战

巨鹿之战发生于秦末的公元前207年，是秦军与起义军项羽部队在巨鹿（现河北平乡西南）展开的一场决战，最后项羽获胜。

这一战役是秦末战争中消灭秦军主力的一次决定性战役，也是历史上著名的以少胜多的战役之一。

公元前208年7月，秦国大将章邯在消灭项梁之后，又率秦军北上渡河，攻打赵国，并且大败赵军。随后，他又命秦将王离包围了赵国的巨鹿，章邯自己屯兵于南，修筑甬道为围城的秦军输送粮草。

当时，秦军的阵势十分强大，没有人敢去迎战。楚国的项羽为了给被秦军杀害的叔父项梁报仇，便主动请缨出战。于是，楚怀王以宋义为上将军，项羽为次将，范增为末将，率领6万大军去援助赵国，解巨鹿之围。

大军行进到安阳（今山东曹阳东南）后，便不敢再前进了，项羽痛斥宋义的怯懦行为并杀了他。于是，楚怀王封项羽为上将军。

楚军数量远远少于秦军，项羽先派英布率两万楚军渡过漳河，救援巨鹿。12月，项羽亲自率军渡河，并下令将炊具打破，将船只凿沉，每人只带三天的干粮，以表明拼死一战的决心（这就是成语"破釜沉舟"的由来）。

项羽的军队作战十分勇猛，一个楚军可以抵得上十个秦军，并且破坏了秦军的甬道，使秦军大败。

公元前207年6月，项羽与蒲将军又分别大败秦军于淤水和三户津。章邯、司马欣、董翳等率秦军余众投降项羽，巨鹿之战结束，巨鹿之困也因而得解。

■文苑拾萃

曹 参

（北宋）王安石

束发河山百战功，白头富贵亦成空。

华堂不著新歌舞，却要区区一老翁。

寇恂弃权防猜忌

寇恂（？—36），字子翼。东汉上谷县昌平（今北京）人。云台二十八将之一。

西汉末年，绿林义军推翻王莽，建立更始政权。不久，刘秀在河北起兵，又南定河内（黄河以北的河南地区），并将这个地区作为自己的大本营。

当刘秀北伐时，接受了邓禹的建议，拜文武兼备的寇恂为河内太守。寇恂接任河内太守后，发动所有属县中的丁壮练兵习武，并伐竹造箭，养马种粮，将兵丁、武器、军粮源源不断地运往前方，有力地支援了刘秀的北伐。

当时，更始政权的大司马朱鲔正屯重兵于洛阳，他听说刘秀北伐而河内空虚，便派苏茂、贾疆二将率兵3万，渡巩河攻打温县。

寇恂一面发兵会于温县，一面欲亲自率兵至温县御敌。部下劝他等众军毕集后再到温县，寇恂却说："温县是本郡的屏障。若温县失，则全郡亦不可守。"便不等众军聚齐，急往温县救援。

在温县，寇恂与其他援军一起大破苏茂、贾疆，保住了温县，保全了河内，为刘秀的北伐称帝立下了大功。

温县大捷后，刘秀在高邑(今河北柏乡北)称帝。此后，刘秀多次发出策书至河内，对寇恂表示慰问。

一个叫董崇的人见到这种情况，便对寇恂说："如今皇上（指刘秀）刚刚即位，四方尚未平定，而您偏在此时据此大郡，内得人心，外破苏茂，威震邻敌，名扬遐迩，这是最容易招人谗毁大祸临头的时候。想当初，萧何为汉高祖镇守关中，听鲍生劝告而打消了高祖的疑心。如今您的处境与当年萧何相同，恐怕当以前人之事为戒。"

寇恂听了，认为很有道理，便称病不理政事。

后来，光武帝刘秀将要攻打洛阳，路过河内，寇恂又请求随军征讨。当这个请求被拒绝后，寇恂又派自己的侄子寇张、外甥谷崇一起随刘秀出征。

功高震主，便是大难临头之兆。光武帝刘秀是历史上少有的开明对待功臣的封建君主，即便如此，寇恂仍要寻找明哲保身之计。寇恂让亲人随军，是向皇帝表示忠心，还是以人质来表明自己不会背叛？这恐怕只有寇恂自己最清楚。

■故事感悟

寇恂放弃行政权力，又派子侄到刘秀手下做人质，才逃过刘秀可能萌生的猜忌之心，可见在统治者手下做事确实不容易。到了看不到政治前途时，需要急流勇退，这样才是有自知之明。

■史海撷英

寇恂奋勇杀敌

刘秀在南定河内后，便打算命将留守这里。然而，更始帝的大司马朱鲔闻刘秀北征后，河内势力孤单，便派大将苏茂和副将贾疆率兵3万，从巩县渡河进入温县，以图占据河内。

寇恂闻之后，便统领自己所属的各县士兵奋勇杀敌，大败苏军，一举将敌人追至洛阳城下，斩杀了苏茂的副将贾疆，掳杀敌军万余人。然后，寇恂又带领兵马绕城一周，渡河而还。从此，朱鲔闻风丧胆，城门日夜紧闭。刘秀闻之大喜，称赞寇恂说："吾知子翼可任也。"

建武二年（26年），颖川人严终、赵敦聚众万余，与密县（今山东密县东南）人贾期连兵为寇。光武帝刘秀又任命寇恂为颖川太守，最终平定颖川。随后，光武帝封寇恂为雍奴侯，食邑万户。

■文苑拾萃

寇　恂

（宋）徐钧

王郎百万肆凭陵，谁集渔阳上谷兵。
一剪妖氛河北定，中兴从此创基成。

曹操善自知退兵

曹操（155—220），字孟德，小名吉利，小字阿瞒。沛国谯（今安徽省亳州市）人。东汉末年著名的军事家、政治家和诗人，三国时代魏国的奠基者和主要缔造者，后为魏王，去世后谥号为武王。其子曹丕称帝后，追尊为太祖武皇帝。

三国鼎立，曹操因善于利用天时，挟天子以令诸侯，扩大兵力，占了优势。

然而，曹操在率领大军进攻东吴时，由于兵士多为北方人，到南方打仗后一时间水土不服，许多士兵都病倒了。孙权得到曹操进兵东吴的消息后，立即调兵遣将，并亲自率领水军前来迎战。

两军对阵，激烈战斗，最终曹操的军队抵不过东吴军队，吃了败仗。曹操见状，连忙下令："全军退守营寨！"

而吴王孙权意欲扩大战果，所以几次带兵前来挑战，曹操的兵将就是紧闭城门，拒不应战。

相持了几天之后，在一个晴朗的日子里，吴王孙权亲自率领部分官兵，坐快船冲出寨门，来到曹营附近。

曹操的将士们见孙权来了，都纷纷请战："丞相，我们出战吧！"

然而曹操想了想，说："不能出战！这是孙权想亲自试探一下我军的虚实，并不是真的向我们挑战。既然他要看，那我们就让他看看我军的阵势好了！别忘了，我们也要借机试探一下孙权军队是什么样的。"

于是曹操命令："全军不许乱放一箭。"

孙权威武地坐在船上，越来越靠近曹营了。只见他从容地指挥着船只在江上来回游动，观看曹营。过了好一会儿，他们才敲起战鼓，吹着军号，不慌不忙地走了。

曹操见孙权指挥镇定自如，船舰整齐不乱，秩序井然，不禁赞叹道："佩服！佩服！孙权年轻有为，以后生儿子也一定要生像孙权这样的儿子啊！"

两军隔水相望，又对峙了一个多月。转眼就到了三月，雨水渐渐多了。这时，孙权给曹操写了封信，信封里装着两张纸。

第一张上写着：雨季来了，你最好赶快退兵。

第二张纸上写着：你曹操一天不死，我东吴孙权就一天不得安宁。

曹操看罢后，哈哈大笑，并举起信对大家说："孙权这小子说的都是实话，没有欺骗我呀。"

又过了几天，曹操命令全军撤退。

□故事感悟

在与东吴的对峙中，曹操看清了自己的优势与劣势：雨季前，他处于优势；雨季开始后，他立即从优势转入劣势。因此，他不去做违背客观规律的事，果断退兵。曹操退兵，并非耻辱，相反，这正说明他足够理智英明。试想，他若没有自知之明，继续对峙，或发动进攻，后果可能不堪设想。《孙子兵法》上讲：知己知彼，百战不殆。了解自己是要了解自己真实的能力，而非虚假的或不全面的情况。了解自己还不够，还要能正确面对自己。人贵在自知之明，指的就是这个意思。

曹操攻取河北

建安五年（200年）正月，曹操在剿灭了董承等人后，为避免与袁绍、刘备两面交战，便迅速率军猛攻徐州，并击败刘备，收复徐州。

二月，袁绍率领11万士兵南下，与曹操在官渡展开决战。四月，曹操在白马之战、延津之战中连续斩杀了袁绍的两员大将颜良和文丑，并依靠曹仁、于禁、乐进等人的奋战顶住了袁绍的猛烈攻势。

八月，袁绍大军逼近官渡，并依靠沙堆为屯，东西连营数十里，与曹军对峙。到了十月，双方的战事陷入僵局，袁绍的谋士许攸也投奔了曹操，并向曹操献策，让曹操偷袭袁绍的粮草囤积地乌巢。曹操采纳了许攸的意见，最终焚烧了袁军的粮草辎重，扭转了战局，袁绍大败。

建安七年（202年）五月，袁绍病逝，其子袁谭、袁尚相互争位，致使河北一分为二，曹操趁机进攻河北。

建安九年（204年）七月，曹操攻下了河北袁氏的根据地"邺城"。从这一年开始，曹操便将自己的据点北迁到冀州的邺城。最后，曹操又在建安十二年（207年）彻底击溃袁尚、乌桓的联军，消灭了袁氏集团，统一了中国北部。

短歌行（其二）

（魏晋）曹操

周西伯昌，怀此圣德。

三分天下，而有其二。

修奉贡献，臣节不隆。

崇侯谗之，是以拘系。

后见赦原，赐之斧钺，得使征伐。

为仲尼所称，达及德行，

犹奉事殷，论叙其美。

齐桓之功，为霸之首。

九合诸侯，一匡天下。

一匡天下，不以兵车。

正而不谲，其德传称。

孔子所叹，并称夷吾，民受其恩。

赐与庙胙，命无下拜。

小白不敢尔，天威在颜咫尺。

晋文亦霸，躬奉天王。

受赐圭瓒，秬鬯彤弓，

卢弓矢千，虎贲三百人。

威服诸侯，师之所尊。

八方闻之，名亚齐桓。

虞寄独善其身

虞寄（510—579），字次安。南朝大臣，入仕之初，任会稽太守，以为行参军，后来迁记室参军，后称病归隐。太清中年，授官为镇南湘东王谘议参军。及陈天嘉中年，入为衡阳王掌书记，拜为国子博士，称病辞官而去。宣帝即位，拜为东中郎、建安王谘议，加戎昭将军，又加太中大夫。太建十一年（579年）病逝，享年70岁。

虞寄自幼聪明，思想敏锐。有一次，家里来了一位拜访其父的客人，正好在门口遇见虞寄。他听说虞寄很聪明，决定试试他，便对他开玩笑说："郎君姓愚（虞），必定无智。"

虞寄马上回答说："可不，连文字都不能分辨清楚，怎么会不愚呢？"

客人没想到会遭孩子嘲弄，满面羞愧。他见到虞寄的父亲，便对他说："您的孩子太聪明了，长大必有出息。"

梁武帝末年，"侯景之乱"爆发。当时，虞寄正在梁朝廷内做官。当京城被侯景攻陷后，虞寄便逃回家乡。后来，张彪往临川，强请虞寄与之同行，不料中途发生变故，虞寄便被劫持到晋安郡（今福建福州）。

当时，占据福建地区的是豪强陈宝应。陈宝应听说虞寄有才，大喜，便将他留在自己手下。陈霸先起兵，虞寄劝陈宝应响应，陈宝应从之。后来，朝廷要召虞寄为和戎将军、中书侍郎，陈宝应爱虞寄之才，便以道路险阻为由，留住他不放。陈宝应是地方上的豪强，其家为闽中四姓之一。他的父亲陈羽，有才干，为郡中雄豪。萧梁统治时期，晋安郡数次发生反叛朝廷、诛杀郡将之事。陈羽先是叛乱的煽动与参与者，后来又成为官军向导，镇压叛乱，因此掌握了一郡的兵权。

梁末陈初，地方豪强势力迅速崛起，朝廷对他们控制不住。陈羽也自知自己年事已高，便将郡守的位置传给了儿子陈宝应。

按照规定，地方行政长官应由朝廷任命，不能世袭，但朝廷对陈氏父子的所作所为敢怒而不敢言，只得承认现实。陈宝应大权在握，多有反叛之意，对此，虞寄已经有所察觉，因而多次利用一切机会向陈宝应暗示叛逆必亡的道理。但陈宝应都当做耳旁风，根本不予理会。

有一次，陈宝应让左右之人为他念《汉书》，自己斜卧在床上闭目聆听。正好念到《蒯通传》，蒯通劝韩信造反一节，只听左右人念道："蒯通知天下权在信（指韩信），欲说信令背汉，乃先微感信曰：'仆尝受相人之术，相君之面，不过封侯，又危而不安；相君之背，贵而不可言。'"

陈宝应听到这里，猛地坐起来，连声称赞说："蒯通真可谓智士。"虞寄知道陈宝应的心思，便严肃地说："蒯通在韩信身边，一番话使郦食其丧生，又一番话使韩信骄狂，算得上什么智士！"陈宝应虽口上没说什么，心里却很不高兴。

虞寄知道陈宝应反意已定，自己怎么劝也不管用，为避免陈宝应叛乱而牵连自己，便辞别陈宝应到东山寺中隐居下来。陈宝应多次派人前来请他，他都推说脚有病，不能走。

陈宝应认为虞寄装病，便派人在他的屋外放了一把火，告诉府下人，只要虞寄一躲避逃跑，便说明他能走，立即将他带来。屋外之火越烧越大，眼看就燃着了虞寄的卧室。亲近之人都劝虞寄避一避，虞寄说："生死有命，我能逃到何处？"仍坚卧不动。

纵火者见虞寄没有动静，只得将火扑灭，返回去复命。陈宝应这才认为虞寄真的有脚病，不再强求他了。

后来，陈宝应果然举兵造反，被朝廷军队打败。那些与陈宝应有关系的人全都受到株连，只有虞寄免于祸难。

■故事感悟

有人说，智者睹其未萌。意思是说，聪明人在事物还未萌芽时，便能预见它的发展。虞寄也算得上是智者，他料到陈宝应造反必然不会成功，所以尽一切可能去劝说他。但他的劝谏却无力阻止事态的发展，最后只好与陈宝应脱离干系而独善其身了。

■史海撷英

好兆头

梁太清元年（547年）正月的一天晚上，梁武帝做了一个梦，梦见北朝的魏军官吏纷纷献上土地，向他投降。他坐在张灯结彩的宫殿里，接受降书和文武百官的祝贺，高兴得哈哈大笑。

梁武帝的笑声惊动了他身旁的侍从，随从连忙呼唤他，梁武帝这才惊醒过来。醒来后，他对梦中的事情仍然念念不忘，并时常对人说这是"好兆头"。

楚 泽

（唐）李商隐

夕阳归路后，霜野物声干。
集鸟翻渔艇，残虹拂马鞍。
刘桢元抱病，虞寄数辞官。
白裕经年卷，西来及早寒。

唐太宗善于反省

魏征（580—643），字玄成。唐代巨鹿（今河北巨鹿县人，又说晋州市或馆陶县）人。唐朝时期著名政治家。曾任谏议大夫、左光禄大夫，封郑国公，以直谏敢言著称，是史上最负盛名的谏臣。著有《隋书》序论，《梁书》《陈书》《齐书》的总论等。其言论多见于《贞观政要》。

贞观十二年（638年）三月的一天，因为喜得皇孙，唐太宗就邀请五品以上的官员在东宫举行酒宴。

在宴会进行中，唐太宗说："贞观之前，跟随我夺取天下的，房玄龄的功劳最大；贞观以来，帮助我纠正多种错误的，魏征功劳最大。"于是亲自解下两把佩刀，分别送给房玄龄和魏征。

唐太宗对魏征说："你看我近年来的政事与往年相比有什么不同吗？"

魏征回答说："若论陛下的神威，应该说比贞观之初影响更远；然而要论人心的敬佩、诚服，恐怕不如以往。"

唐太宗听后，反问道："现在边远的一些国家都敬畏我的威力，仰慕我国的政治，如果不是心悦诚服，何以能够做到这些呢？"

魏征说："以前，陛下您总是担忧国家治理不好，所以政绩日新；而现在您却认为一切都治理得安稳、太平，所以没有长进，不如过去。"

唐太宗听后，又问道："既然如此，那么为什么现在的做法与以前相同，却会有不同的结果呢？"

魏征回答道："贞观之初，陛下总是担心群臣不提意见，因此就诚恳地鼓励大家提有益的建议，并高高兴兴地接受。现在虽然也能勉强接受，但总是面带难色，所以说与过去是不同的。"

唐太宗继续问道："那么，有什么事实可以说明呢？"

魏征说："陛下以前曾要杀掉元律师，当时孙伏伽认为按照法律来衡量，不应处死他，陛下便赐给孙伏伽价值百万的兰陵公主园。有人认为赏赐太优厚了，陛下还说：'我即位以来，还没有人给我提过意见，所以要对敢于提出意见的孙伏伽以厚赏。'当时，陛下是鼓励大家提意见。还有，司户柳雄伪造自己在隋朝的资历，陛下要杀掉他，后来由于听了戴胄的劝谏而停止，这表现出陛下是高高兴兴地接受群臣意见的。可是，前些时候，皇甫德参上书批评修缮洛阳宫，陛下对此十分气恼，后来虽然因为我求情而没有惩处他，但您却是十分勉强的。"

唐太宗听了以后感慨地说："人最可悲的是不能自知。若是没有魏征，我怎么能认清这个道理呢？"

■故事感悟

诚然，唐太宗是有自知之明的，在治国过程中，他也在不断自省。他的这些反思和自省最终也成为一笔精神财富，使我们从中受益。

魏征做良臣不做忠臣

贞观元年（627年），魏征被升任尚书左丞。这时，有人到唐太宗面前奏告，说魏征私自提拔亲戚做官，唐太宗立即派御史大夫温彦博调查此事，调查的结果是查无证据，纯属诬告。

但是，唐太宗仍然派人转告魏征说："今后要远避嫌疑，不要再惹出这样的麻烦了。"

魏征当即面奏说："我听说君臣之间应相互协助，义同一体。如果不讲秉公办事，只讲远避嫌疑，那么国家的兴亡或未可知。"

同时，魏征还请求唐太宗要让自己做良臣而不要做忠臣。太宗询问忠臣和良臣有何区别，魏征回答道："使自己身获美名，使君主成为明君，子孙相继，福禄无疆，是为良臣；使自己身受杀戮，使君主沦为暴君，家国并丧，空有其名，是为忠臣。以此而言，二者相去甚远。"

太宗连连点头称是。

赋西汉

（唐）魏征

受降临轵道，争长趣鸿门。
驱传渭桥上，观兵细柳屯。
夜宴经柏谷，朝游出杜原。
终藉叔孙礼，方知皇帝尊。

窦德玄坦实"所不能"

李治（628—683），字为善。唐朝第三任皇帝，唐太宗李世民第九子、嫡三子。贞观五年（631年）封为晋王，后因唐太宗嫡长子太子李承乾与嫡次子魏王李泰相继被废，他才于贞观十七年被立为太子。贞观二十三年（649年）即位，时年22岁。李治在位34年，于弘道元年（683年）驾崩，葬于乾陵，谥号天皇大帝，庙号高宗。

唐高宗时期，有一次，高宗李治来到濮阳，窦德玄骑马跟随，皇帝问道："濮阳这个地方又叫帝丘，为什么？"

窦德玄回答不出来。

这时，许敬宗从后面骑马跑到前面来说："过去颛顼在这里居住，所以才叫帝丘。"

高宗称赞说："回答得对。"

许敬宗退到后面对别人说："做大臣的人不能没有学问，我看见窦德玄回答不出来，心里实在替他害臊。"

窦德玄听到了许敬宗的话，说："每个人都有做得到和做不到的，我不勉强回答自己本来不知道的事情，这就是我能够做到的。"

高宗说:"许敬宗见闻广博,确实不错;窦德玄所说的话,也是非常正确的。"

■故事感悟

尺有所短,寸有所长。人人都有做得到和做不到的事,窦德玄能够正确认识自己的能力,并且诚实面对自己"所不能",这种谦虚自知、坦荡无私的胸怀同样可贵。

■史海撷英

唐高宗与武后的关系

当李治还是太子的时候,就与当时身为唐太宗的才人武氏有染。太宗驾崩后,武则天与其他太宗的嫔妃几百余人都被送往感业寺削发为尼。

后来,唐高宗的王皇后为了与萧淑妃争宠,便将武氏接回宫中,封为昭仪。最终,武氏施展手段成为皇后。

但是,高宗的母舅长孙无忌等门阀贵族却容不下武后,所以武后在掌权之后,便对这些人进行了严酷的打击。而唐高宗也因武后有主导政局的趋势,一度产生废后的打算,可是计划还没等实施,就被武后知道了,事情也只好作罢,然而却导致参与此事的上官仪一家被灭门。

这件事发生后,唐高宗再也无法压制武后,后来又因患有眼疾,令政权完全操纵于武后手中。因此在高宗后期,唐王朝的朝政主要都由武氏来处理。

"水可载舟亦可覆舟"

唐太宗李世民（599—649），唐朝第二位皇帝，年号贞观。唐朝建立初期，李世民受封为秦国公，后又晋封为秦王。此后发动玄武门之变，杀死自己的兄弟太子李建成、齐王李元吉两人，被立为太子。即位后，他积极听取群臣意见，努力学习文治天下，成为中国历史上最著名的政治家与明君之一，开创了唐朝历史及中国历史上著名的贞观之治，为后来的开元盛世奠定了重要的基础。

隋炀帝即位后，荒淫腐化，并且残酷欺压百姓，使百姓的生活处于水深火热之中。不久之后，农民起义便如同烈火一般在全国迅速蔓延，隋朝最终被推翻。

唐太宗李世民亲眼目睹了隋朝的灭亡，也从中深刻地吸取了教训，所以，他在登上皇位之后，便尽心尽力减轻百姓的负担，不许官吏腐化。

有一次，太宗召集众大臣前来，嘱咐大臣们说："我原在民间生活，很了解百姓疾苦。当了皇帝以后，办事总是小心谨慎。即使如此，仍然常常出现差错。太子自幼生活在皇宫中，每天吃喝玩乐，百姓的困苦他一概不知，将来处理国家大事很可能出错。所以，你们一定要好好帮助他啊！"

此后只要有机会，唐太宗就教导太子李治，要其具有自知之明，了解自己的优点和弱点。

有一天，太子在湖中划船游玩，正巧赶上唐太宗从湖边走过。太宗就停住了脚步，太子见父皇来了，就将船划到岸边，问太宗道："父皇找我有事吗？"

唐太宗问："你知道船是靠什么行走的吗？"

太子想了想，答："靠水，才能行走。"

唐太宗又问："那你知道隋朝是怎样亡国的吗？"

太子想了想，说："隋炀帝残暴荒淫，大兴土木，迫害百姓，百姓就造反了。您顺应民心，才趁势灭掉了隋朝。"

唐太宗听后，点了点头说："你说得不错。可你知道吗？江河里的水好比是百姓，水上走的船好比是君王。水可以把船浮起来行走，也可以把船打翻，让船沉下去。我的意思是说，百姓可以使君王取得天下，也可以使君王失去天下。"

太子恭敬地回答："父皇说得极是。"

随后，唐太宗又再次叮咛太子说："千万千万记住这个道理啊！"

唐太宗的原话是："水可载舟，亦可覆舟。"

由于这句话道出了皇帝的真实处境，含有很深的哲理内涵，所以流传至今，成了一句不朽的名言。

■故事感悟

人贵自知，怎样才能自知呢？唐太宗做得对，那就是让别人多提意见。自己的认识，清醒的分析，再加上别人的提醒与帮助，自然就可以少出错了。

唐太宗重视人才

唐太宗即位后，十分注重对人才的选拔。在选拔人才时，他还严格遵循德才兼备的原则。

唐太宗认为，在选拔人才时，只有选用大批具有真才实学的人，才能真正辅佐自己治理天下，从而使天下大治。因此，太宗曾先后五次颁布求贤诏令，并增加了科举考试的科目，以扩大应试的范围和人数，让更多有才华的人显露出来。

由于唐太宗对人才极为重视，因此在贞观年间也涌现出大量的有才华之人，可谓是"人才济济，文武兼备"。也正是这些栋梁之才，以他们的聪明才智，为太宗时期"贞观之治"的出现作出了巨大的贡献。

□ 文苑拾萃

唐代的长安城

唐代的长安城周围有70多里长，南北宽15里，东西宽18里，大体上成正方形。整个城分为三部分，其北部正中叫宫城，是皇帝和后妃、太子住的地方；宫城的南边叫皇城，是朝廷官员办公的地方；皇城的南边叫外郭城，也叫京城，是居住区和商业区。城里有东西大街14条，南北大街11条，这些笔直的大街纵横交叉，把城市划分成一个个的方块区域，方方正正就像围棋盘，又像菜畦，称为"坊"，每个坊都有自己的名称。

外郭城的四面各有三个城门，朱雀大街纵贯南北，成为全城的中轴线。这条中轴线把长安城分成东、西对称的两部分。

长安城有大明宫、太极宫和兴庆宫。城的东南角是有名的曲江，因为这里到处开满芙蓉花，所以又叫芙蓉园。园内亭台楼阁，湖水荷花，风景十分优美。每年三月三日风和日丽的时候，皇帝就带着嫔妃到曲江游春。

沿岸到处悬挂着彩带，江中荡漾着无数的彩船。

唐代修建的长安城有许多特点，像皇宫、衙署、住宅、市场分区设立，布局整齐、对称，设有中轴线等。这些对当时日本、新罗（朝鲜古国）都城的建筑和后来我国城市的建筑等，都产生了很大的影响。

第二篇
慧眼识人乃为明

商汤求贤识伊尹

商汤（生卒年不详），姓子，名履，今人多称商汤，又称武汤、天乙、成汤、成唐，甲骨文称唐（音"唐"，为甲骨文的"唐"字）、大乙、太乙，又称高祖乙。商朝的创建者（约公元前1675至前1646年在位），儒家推崇的上古圣王之一。在位30年，其中17年为部落首领，13年为商朝君主。经过11次战役，打败了夏桀王于鸣条之野，一举灭夏。由于商汤以武力灭夏，打破了君王永定的说法，从此中国历代王朝皆如此更迭，因而史称"商汤革命"。汤建立商朝后，对内减轻征敛，鼓励生产，安抚民心，从而扩展了统治区域，影响远至黄河上游，氐、羌部落都来纳贡归服。

夏朝末年，夏桀在位期间，荒淫无度，穷奢极欲，最终惹得天怒人怨、众叛亲离。商汤决心顺乎民心，推翻夏桀的统治，并为此做了大量准备。

然而万事俱备，只欠东风：商汤还缺一位足智多谋、运筹帷幄的栋梁之才辅佐。为此，商汤日日寝食难安。

正当商汤心急如焚之际，商汤妻子的一个陪嫁奴隶、正在担任厨师的伊尹表现有些反常。这个人平时都是尽心尽职地工作，可这几天也不知怎么了，做的饭菜不是淡而无味，就是咸得发苦。

商汤很生气，就派人把伊尹找来训斥，然而伊尹却不慌不忙地说："我当然知道做饭不能太淡，也不能太咸，只有咸淡适宜、五味调和，吃起来才最香甜。这几天我做的饭菜时淡时咸，其实是想借此提醒大王：治国与做菜的道理是一样的，既不能操之过急，也不能放松懈怠。只有不温不火，恰到好处，才能如愿以偿。"

商汤听了，大吃一惊，他没想到一个做饭的奴隶居然能够说出这样有道理的话，而且还深谙治国之道。

商汤觉得这个人肯定有些来历，便暗中查访伊尹的身世。他惊喜地发现：伊尹原来是一位博学多才的大学士，还曾经在莘国为国君女儿做过宫廷教师。只是后来莘国灭亡，伊尹才辗转做了商汤妻子的陪嫁奴隶。毫无疑问，这是一位胸怀大志、精通韬略的奇人。要想推翻夏桀，建立新的政权，伊尹正是难得的栋梁之才。

商汤大喜，当即解除了伊尹的奴隶身份，任命他为右相。

从那以后，商汤经常与伊尹商议国家大事，并依照伊尹的建议，在百姓中间广造舆论，历数夏桀骄奢淫逸、倒行逆施的种种罪行，号召被夏朝统治的部族部落归顺商朝，一同反叛夏朝。对不听规劝的葛伯族，商朝又出兵讨伐，予以消灭。对夏朝的羽翼，如韦、顾、昆吾等，则各个击破，使夏朝孤掌难鸣。

同时，商汤还采纳了伊尹提出的统战策略，对部族中的某些人宽容对待，给他们改邪归正的机会。这样一来，商汤的美名迅速远播，成为众望所归的领袖，得到了广大百姓的拥戴。

于是，商汤在伊尹的辅佐下发表宣言，挥师讨伐夏朝，终于推翻了夏桀的暴戾统治，建立了商王朝。

今天看来，商汤获得伊尹帮助而成就大业的事件虽有一些偶然性，但其中也有必然性，这就是商汤一心求贤的结果。假如商汤不是求贤若渴，像伊尹这样身份低贱的奴隶是不会进入他的视线的。正因为商汤处处留意，诚心求贤，不拘一格，礼贤下士，才成就了这段佳话。

■史海撷英

鸣条之战誓师

约公元前1766年，商汤兴兵伐夏。在出发前，商汤举行了隆重的誓师活动，他历数夏桀残酷盘剥、压迫民众的罪行，申明自己是秉承天意讨伐夏桀，以救民于水火之中。同时，商汤还颁布了严格的战场纪律。

商汤激奋地说："来吧，诸位，你们都要听我的话，不是我大胆发动战争，是因为夏王犯了许多罪行，所以，上天才命令我上前讨伐它！

"现在，你们大家常说：我们的国王太不体贴我们了，把我们种庄稼的事儿都舍弃了。犯了这样大的错误，怎么可能纠正别人呢？我听到你们说的这些话，知道夏桀犯了许多罪行。我怕上天发怒，不敢不讨伐夏国！

"现在你们将要向我说：夏桀的罪行究竟怎么样呢？夏桀一直要人民负担沉重的劳役，人民的力量都用完了，他还在残酷地剥削压迫人民。人民对夏桀的统治非常不满，大家都怠于奉上，对国君的态度很不友好，甚至要与夏桀一起去死！夏国的统治已经坏到这种程度，现在我下决心要去讨伐它！

"你们只要辅助我，奉行上天的命令讨伐夏国，我就要加倍地赏赐你们。你们不要不相信，我是决不会失信的！假若你们不听从我的话，我就要惩罚你们，让你们当奴隶，决不宽恕！"

七律·读史之商汤

佚 名

怜禽诲祝收三罟，伊仲臣贤草白陶。

德顺归心除葛伯，时来决意战鸣条。

注定昏残终鼎鼐，秉赓仁义得渔樵。

幽幽太古声断续，偃师汤冢可萧萧。

孔子论选贤

鲁哀公（？—前468），姬姓，名蒋。春秋时诸侯国鲁国君主之一。

孔子认为，人可以分为五品：庸人、士、君子、贤人、大圣。

有一次，鲁哀公问孔子："请问，怎样行事算是庸人呢？"

孔子回答说："我所说的庸人，嘴里说不出有道理的话，心里不知思虑；不懂得选择贤能善良的人，把自己托付给他，让他分担自己的忧困；行动没有目的，不知道该在什么地方停下来；每天都在忙于选择事物，却不知道什么东西可贵；盲目跟从外物的驱使，却不知自己应该有个什么归宿；放任利欲侵害自己的本性，心情日趋败坏。像这样行事的人，就算得上是庸人了。"

鲁哀公说："好。那么请问，怎样行事算是士呢？"

孔子又回答说："我所说的士，虽然不能穷尽各种道术，但总要有所遵循；虽然不能事事做到尽善尽美，但总要能够落实。所以，士对于知识并不求多，而是追求所掌握的知识达到精深的程度；他们对于言语也不求多，而是追求使自己讲的话精当；他们还不妄求多做，而是追求用最恰当的方式来做事。所以，对于他们，知识既然已经取得了，言语既然已经说出来了，行为既然已经发生了，就好像是生命、肌肤不可改变一样。因此，富贵并不足以替他增加什么，卑贱也不足以损害他什么。能够这样行事的人，就称得上是士了。"

于是，鲁哀公又问孔子怎样行事才算是君子。

孔子回答说："我所说的君子，说话讲求忠信，但内心并不以道德高人一等而自居；行为讲求仁义，但并不露出得意的神色；思考问题明白练达，但言辞并不锋芒毕露。这样就让人觉得谁都能够比得上他似的，这就算是君子了。"

随后，孔子又向鲁哀公讲述了贤人的标准，即"行动合乎规矩，又不觉得本性受到压抑；言语足以为天下效法，但却能保证自己不为人言所伤；掌握着天下的财富，但却没有不义之财；恩惠遍及天下，而自己又不用为贫困所忧虑。能做到这些，就算得上贤人了"。

最后，孔子还向鲁哀公讲述了大圣的标准，他说："我所说的大圣，是通达大道，有无限的应变能力，明了万物情性的人。大道，就是借以变化而造就出万物的法则；情性，就是生来如此，难以变换的本性。所以，他要做的，是辨别天地间的万物，他对事物的明察洞悉就好比是日月，他还要像风雨一样普施万物。他的态度虽说是平平和和，但他的行为是不可仿效的，就好像是天的儿子，他的行为是人们不可理解的，百姓们浅薄，所以不可能认识到他所从事的事情。这样的人，就可称为大圣了。"

□ 故事感悟

孔子对于人物的这段品评，最基本的一个标准就是看人能否以及在何种程度上识得大体。以此为根据，孔子把人分为庸人、士、君子、贤人、大圣五个层次。其实，在孔子看来，鉴别人的标准与一个人自我修养的标准是一致的。孔子树立起这个对人的衡量标准，实际在于他期望人们对于自己的一生都有一种理性的自觉。

长幼之乱

春秋战国时期，鲁国曾发生过几次废长立幼、杀嫡立庶的事件。始作俑者，可以追溯到周宣王时期。

公元前825年，鲁真公薨，其弟敖立，是为鲁武公。武公有两个儿子，分别为长子括和少子戏。

武公九年（公元前817年），鲁武公带着两个儿子括与戏去朝拜周宣王。周宣王很喜欢少子戏，便做了一件十分荒唐的事：立戏为鲁国的太子。

卿大夫樊仲山父劝谏周宣王说："废长立幼，不合规矩。您如果一定要这样做的话，日后鲁国肯定会违背您的旨意。违背了您的旨意，那就是要讨伐的，不讨伐的话对您的威信也有损害。如果真的发展到那个地步，对大家都不好。您看，是不是不要下这个命令呢？"

但周宣王根本听不进任何劝谏，下令立戏为鲁国的太子，日后当鲁国的国君。鲁武公对此有些郁郁不乐，结果回到鲁国后没多久就死掉了。于是太子戏即位，是为鲁懿公。

果然，后来鲁懿公被他哥哥括的儿子伯御杀掉了。随后，伯御做了11年的鲁国国君，最后又被周宣王发兵伐灭。

周宣王把伯御诛杀后，又立懿公戏的弟弟称，是为鲁孝公。从那时起，周天子的威信便日益下降，而各个诸侯国弑君的事件也时有发生。

秦穆公慧眼识百里奚

秦穆公（？—前621），一作秦缪公。春秋时代秦国国君。嬴姓，名任好。在位39年（公元前659年—前621年）。谥号穆。秦穆公在位期间，非常重视人才，其任内获得了百里奚、蹇叔、丕豹、公孙枝等贤臣的辅佐，曾协助晋文公回到晋国夺取王位。周襄王时，出兵攻打蜀国和其他位于函谷关以西的国家，拓地千里，因而周襄王任命他为西方诸侯之伯，遂称霸西戎。

晋献公在位期间，听说有个名叫百里奚的人很有才能，尤其在谋略上高人一筹，便想请他来为晋国做事。可是晋献公派了好几个人去请百里奚，百里奚都不肯来。

晋献公想，百里奚既然不答应为晋国出力，那么就不能把这个人留在身边。于是，秦穆公五年（公元前655年），晋献公将百里奚作为陪嫁的奴隶发配到秦国去了。

百里奚被充当陪嫁奴隶后，十分生气，于是就趁人不注意，在半路上逃跑了。刚刚跑到楚国，百里奚就被楚兵抓住了，并被楚国当成俘虏，成了放马的奴隶。

等到陪嫁的人到了秦国后，秦穆公发现有一个名叫百里奚的陪嫁奴仆不见了，便问晋国来的公孙枝，是否知道这个百里奚。公孙枝说："这人本来是虞国的大夫，虞国灭亡后，他就陪虞君一道当了俘虏。他是个很有才能的人，晋公本来想重用他，可他不愿意为晋国出力。这人既有计谋，又十分忠君，只可惜明珠暗投，遇到了虞国的国君。否则，哪个君王得到他都会十分高兴的。"

本已有了称霸中原想法的秦穆公，这时正在积极地招纳人才。听公孙枝这么一说，秦穆公马上就想找到百里奚。于是，他立即四下派人寻找，后来得知在为楚国放马的人当中有一个名叫百里奚的人。

秦穆公便准备派使者带着厚礼去见楚成王，赎回百里奚。公孙枝见状，急忙劝阻秦穆公说："要赎回百里奚，主公用这么贵重的礼物反而办不成！"

秦穆公一听很奇怪，便问道："为什么不成呢？"

公孙枝不慌不忙地说："百里奚在楚国放马，是因为他的才能还没有被楚国人发现。如果我们用这样贵重的礼物去交换一个放马的奴隶，那不就等于告诉楚王这个秘密了吗？到那时楚王怎么肯放他回来呢？"

秦穆公一听，恍然大悟："对呀对呀，那就派人带着五张羊皮去换百里奚吧，这就是现在一个奴隶的价钱。"

秦国的使者到了楚国后，就对楚成王说："我们国家有个名叫百里奚的奴隶偷偷跑到贵国了，现在国君派我来赎回他，当众治他的罪，也好吓吓其他奴隶，让他们以后都能听话一点儿。"说完，使者献上了五张羊皮。

楚成王也不在意，认为这就是一个普通的奴隶，还给他们就是了，于是就让人把百里奚从南海带回，把他当成一般的奴隶交给了秦国的使者。

在秦国的边境，公孙枝早已奉命在等候百里奚。到达的第二天，百里奚就被公孙枝带去见秦穆公了。

百里奚当时已经是一位满头白发的老者了。一见面，秦穆公便十分失望，随口问道："您多大年纪了？"

百里奚回答道："已经70多岁了。"

秦穆公叹息道："唉，可惜太老了。"

百里奚说："那要看做什么事了。如果让我去追赶飞鸟，或者捕捉猛兽，确实是老了；主公如果是让我为国家出谋划策，运筹帷幄，那我还正当年呢！我现在比当年帮助周武王夺下天下的姜太公还年轻10岁呢，难道就没用了吗？"

这番话说得秦穆公连连点头，对百里奚马上就刮目相看了，并向他请教富国强兵的方法。百里奚对答如流，条分缕析，让秦穆公十分钦佩。

秦穆公越听越高兴，不由得称赞百里奚道："天助我矣！天助我矣！我有了先生，如同齐君有了管仲啊！"说罢，秦穆公就准备拜百里奚为相。

可是百里奚怎么都不肯答应，他对秦穆公说："我的朋友蹇叔的本事才华远远在我之上。主公如果能用蹇叔为相，就一定能够完成称霸中原的愿望。"

秦穆公一听，马上派人去蹇叔隐居的地方，请蹇叔出山。

来者找到蹇叔后，恭敬地向蹇叔呈上书信。蹇叔看完信后说："当时虞君败亡，就是因为不信任百里奚，听不进他的忠告。现在，一个百里奚已经足够辅佐秦公成就霸业了。我已经隐居多年，不想再出去做事了，请回去代我向秦公致谢吧。"

来者一听，慌忙说道："百里奚大夫说过，他也不愿一个人在那儿。如果您不去秦国，他也要去隐居。"

蹇叔一听这话，无可奈何地说："为了成全百里奚，看来我只好去一趟秦国了。"

蹇叔到了秦国，秦穆公便问他治国图霸的良计。他侃侃而谈："秦与西戎相接，百姓久与戎民杂居，多数不懂礼教，因此应该首先使百姓懂得法律的威严，知事有可为者，也有不可为者。还要加强对百姓的教导，使他们知道荣辱，要树立国家的正气，对犯罪的人施以刑罚。这几件事办好了，富国图霸的事业才有基础。"

秦穆公又问："我想称霸诸侯，该从哪里做起呢？"

蹇叔答道："首先，要做到三戒：一戒贪图小利，二戒气愤蛮干，三戒急于求成。"他还进一步解释说："人们吃亏往往是因为贪图小利；失去理智往往是因为愤怒而冲动；做事失误或失败，往往是因为急于求成，而没有细加筹划。只有打下牢固的基础，才能考虑图霸的事业。"

蹇叔的一番话让秦穆公心服口服，大有相见恨晚之意，连声道："蹇叔和百里奚真是我创立霸业的左膀右臂啊！"

第二天，秦穆公就拜蹇叔为右相，百里奚为左相。从此以后，蹇叔和百里奚辅佐秦穆公教化民众，实施变革，秦国一天天强盛起来，秦穆公也最终成就了霸业。

□故事感悟

虞、晋、楚不善识才，致使百里奚未有机会展露自己的才华。秦穆公慧眼识才，知人善任，终成霸业。这说明明君之治，患不知人；明君之德，莫大于知人。古今时世不同，但"国之兴亡，务在得人"的道理相同。如果说古代"帝王之德，莫大于知人"，那么，今人之德，亦莫大于识才。只有善于识才用才，才能做到才尽其用。

□史海撷英

秦晋之好

秦穆公在位期间，为了将来能够称霸诸侯，便想与当时力量强大的晋国结盟。于是，秦穆公便向晋献公求婚，晋献公将自己的大女儿嫁给了秦穆公。

晋献公晚年荒淫昏庸，为了讨好年轻的妃子，要立自己的小儿子为国君的继承人，结果杀掉了当时的太子申生。于是，另外两个儿子夷吾和重耳为了活命，分别逃到其他的诸侯国避难。

后来，夷吾得到姐夫秦穆公的帮助，做上了晋国国君。但不久后，夷吾便与秦国翻脸。他忘掉了秦国对他的帮助，反倒出兵攻打秦国，最终被秦国打败，只好割地求饶，还让自己的儿子公子圉到秦国做人质，这才把两国的关系修复好。

秦穆公为了笼络公子圉，又把自己的女儿怀嬴嫁给了公子圉。按理说，秦国和晋国的关系应该很稳固才是，然而公子圉听说自己的父亲病了，担心国君的位置被别人抢走，就扔下妻子，一个人偷偷跑回了晋国。

第二年，夷吾一死，公子圉做上了晋国的君主，便与秦国不再往来。这让秦穆公十分生气，立即决定要帮助重耳当上晋国的国君。因此，秦穆公就把逃到楚国的重耳接了过来，还要把女儿怀嬴改嫁给他，并帮助他成为晋国的国君，是为晋文公。

后来，秦穆公在重耳死后不久，借机打败了已成为中原霸主的晋国，成为"春秋五霸"之一。

秦穆公墓

（北宋）苏轼

橐泉在城东，墓在城中无百步。

乃知昔未有此城，秦人以泉识公墓。

昔公生不诛孟明，岂有死之日而忍用其良。

乃知三子徇公意，亦如齐之二子从田横。

古人感一饭，尚能杀其身。

今人不复见此等，乃以所见疑古人。

古人不可望，今人益可伤。

管仲智慧辨奸佞

管仲（约公元前723—前645），姬姓，管氏，名夷吾，字仲，谥敬，被称为管子、管夷吾、管敬仲。出生于颍上（今安徽省颍上县）。春秋时代齐国的政治家、哲学家，周穆王的后代。被视为中国历史上宰相的典范，任内大兴改革，重视商业。

齐桓公晚年，非常宠信两个人，一个名叫易牙，另一个名叫竖刁。但这两个人却没什么真本事，都是溜须拍马的高手。

有一天，齐桓公与易牙在一起谈话。齐桓公说："天下的荣华富贵、美味佳肴我都享用过了，可却没有尝到过人肉的味道。"

第二天，易牙就为齐桓公做了一碗热腾腾的肉。齐桓公吃完后，觉得从来没有吃过这种肉，就问易牙这是什么肉。

易牙说："君侯昨天为了没有尝过人肉而遗憾，晚上回家后我就把儿子杀了。刚才您吃的，就是我儿子的肉。"

齐桓公听了，非常感动，觉得易牙真是太忠于自己了，从此对易牙也更加宠信。

竖刁是个太监，进宫就是为了接近齐桓公，齐桓公也认为他是一个可以信赖的人。

管仲为齐桓公的霸业一生呕心沥血，最终积劳成疾，将不久人世了。听说管仲病得很重，齐桓公便亲自到管仲的病榻前去看望。

齐桓公问管仲："仲父还有什么话要教导寡人吗？"

管仲说："希望您能疏远易牙和竖刁这两个人。"

齐桓公不解地问："易牙为了我把自己的儿子都杀了，难道他这样还不可靠吗？"

管仲说："人没有不爱自己儿子的，而易牙对自己的儿子尚且如此残忍，怎么能够真正地爱您呢？"

齐桓公说："竖刁为了侍奉寡人，不惜自阉，难道这样的人也不能信任吗？"

管仲说："人没有不爱惜自己身体的，竖刁为了进宫自阉其身，他对自己尚且如此残忍，怎么能真正善待君侯呢？"

齐桓公说："这两个人既然是小人，那么这么多年为什么他们一点儿都没有造反的迹象呢？"

管仲说："那是因为一直有我在。这些小人就像洪水一样，而臣就是防止洪水泛滥的堤坝。臣死了之后，这些洪水就要泛滥了呀！"

齐桓公听从了管仲的劝说，回去后就把易牙和竖刁赶走了。

在以后的几年里，齐桓公没有易牙和竖刁的伺候，总觉得饭也不香、觉也不稳。他想，可能是管仲太多虑了，凭这样两个人怎么就能造反呢？

于是，齐桓公又把易牙和竖刁招回来伺候自己。

过了一段时间后，齐桓公患病在床，易牙和竖刁果然联合起来作乱了。他们用砖堵死了宫门，又在外面垒起高高的围墙，不许任何人进来。齐桓公在宫里叫天天不应，喊地地不灵，最后被活活地饿死了。

在临死前，齐桓公慨然长叹："仲父真是圣人呀，我真后悔没有听从他的劝告，才落到如此下场。我死后，有什么脸面去见仲父呀！"

齐桓公不但死于非命，而且在死后的很长时间里都不能入土安葬。

故事感悟

管仲认为易牙、竖刁二人包藏祸心，不可重用，可惜齐桓公不但没有看出这一点，还不肯听从管仲的忠告，终于被易牙等人所害。事实证明，管仲在识人方面具有非凡的眼光。

史海撷英

管仲实行经济政策

管仲在齐国为相期间，采取了一系列的经济措施，主要是"遂滋民，与无财"（《国语·齐语》）。其具体办法就是"轻重鱼盐之利，以赡贫穷"（《史记·齐太公世家》），或言"通轻重之权，徼山海之业"（《史记·平准书》），以至"通货积财，富国强兵"（《史记·管晏列传》）。

在《管子》一书中，有这样的记载：管仲反对向"树木""六畜"和人口抽税，而主张"唯官山海为可也"。这里的"山海"，指的就是铁和盐（《管子·海王》）。

管仲还实行了粮食"准平"的政策，也就是"民有余则轻之，故人君敛之以轻；民不足则重之，故人君散之以重。凡轻重敛散之以时，则准平。……故大贾富家不得豪夺吾民矣"（《汉书·食货志》下）。

这种"准平"政策不但是一种平衡粮价的政策，而且还间接承认了农民自由买卖粮食的权利及自由私田的合法性，并且保障了私田农的生产利润。

贤者之孝二百四十首·管仲

（宋）林同

战败不羞走，谁为知我深。
叔知我有母，亮我走时心。

李悝识才知人善任

　　李悝（公元前455—前395），战国时代著名思想家。公元前422
年任魏国相，主持变法，其重农与法治结合的思想对商鞅、韩非影
响极大，故一般认为他是法家的始祖。

　　有一次，魏文侯问李悝，魏成和翟璜谁可做宰相？李悝起身一揖，
答道："臣乃局外之人，不敢回答大王的提问。"

　　文侯说："事到临头，先生就不要再谦让了。"

　　李悝这才说："圣上要想知道一个人的品格和能力，平日里就要观
察他亲近一些什么人；富贵之后，观察他交往些什么朋友；位居高官之
后，观察他给国家推荐了什么人；不得志而处境困难时，观察他是否做
了不该做之事；贫寒拮据时，观察他是否接受不义之财。以此五点为标
准去衡量一个人，才可得到贤才。"

　　魏文侯听罢，说："先生，谢谢您，我明白了。"

　　李悝出宫，恰遇翟璜。翟璜说："听说主上召先生征询相国人选，
最终决定以谁为相？"

　　李悝说："魏成。"

翟璜露出了不悦的神情，说："镇守西河的吴起是我推荐的；治理邺地的西门豹是我推荐的；征伐中山的乐羊是我推荐的；攻克中山之后，连镇守您，都是我推荐的；太子无老师，我推荐了屈侯鲋。我的所作所为，哪一点比不上魏成？"

李悝说："您当时向主上推荐我，难道是要让我在主上面前多说好话，为您日后求得高官显爵铺设道路吗？主上问我谁做相国合适，我只不过是谈了用人的道理，并没有具体推荐谁做相国。之所以知道君主定会选择魏成，是因为魏成虽年俸丰厚却善于克己，卜子夏、田子方、段于木三位贤者都愿意辅佐他。这三个人都被主上尊为老师，而您推荐的五位，主上只用作臣。与之相比，岂可同日而语？"

翟璜迟疑片刻，面露惭色，说："听君一席话，胜读十年书。我乃鄙陋之人，言多失当，情愿终生做先生的弟子，接受先生的教诲。"

■故事感悟

了解一个人要靠长时间的观察，观察他在失意时和得志时的一言一行，从生活中的点滴小事里了解他的品行。欲成大事者，身边能有李悝这样的贤臣，离成功就不远了。

■史海撷英

李悝的政治主张

执政期间，李悝主张废止世袭贵族的特权，提出了"食有劳而禄有功，使有能而赏必行，罚必当"的建议。

李悝将无功而食禄的人称为淫民，意欲"夺淫民之禄以来四方之士"。这也是我国历史上第一次对腐朽落后的世袭制度的挑战。李悝的这一政治主张也将一批对国家无用且有害的特权阶层人物赶出了政治舞台，而让一些出身于一般地主阶层的人，因战功或才能而跻身于政界，为以后的封建制代替奴隶制开辟了道路。

李悝的改革大大地削弱了魏国的世袭制度。从这以后，封君在封国食邑内不再有治民之权，只有衣食租税；官吏制度也有所改善，政治情况逐渐变好。

■文苑拾萃

李悝与《法经》

李悝汇集了当时各国的法律，编成了六篇《法经》，包括盗法、贼法、囚法、捕法、杂法和具法，成为我国古代第一部比较完整的法典。其内容主要阐述了国家应如何维持治安、缉捕盗贼、防止人民反叛及对犯罪者的判刑等。在以上六篇当中，《具法》一篇为全书的总目录。

后来，商鞅听说秦孝公雄才大略，便携带这部《法经》来到秦国，以此书作为他变法内容的蓝本，从而成就了历史上著名的"商鞅变法"。

如今，《法经》仅存篇目，内容多数已经失传，但仍然可以从《秦律》及秦简中反映出一部分内容。

司马熹巧荐立阴姬

司马熹（生卒年不明），一作司马喜，又作司马憙，中山铭文作司马赒，皆同音字的假借。卫国人。任中山相邦，为中山国中山成公、王、中山王（妾子）三朝大臣。

春秋战国时期，中山国位于赵国与燕国之间。当时，中山国的国王妃嫔众多，但一直没有立王后，因此这些嫔妃之间明争暗斗，尽己所能地讨国王的欢心，想让国王立自己为王后。其中，又以阴姬和江姬的希望最大。她们二人私下里勾心斗角，争夺十分激烈。

司马熹是中山国的谋臣。对于他来说，立王后这件事是他可以谋求个人发展的一个好机会。为此，司马熹经过认真分析对比，决定帮助阴姬。

司马熹首先拜访了阴姬的父亲，告诉对方，自己有一个可以帮阴姬登上王后位的好办法，希望能与阴姬面谈。阴姬听说后，十分高兴，马上暗中与司马熹见面。

不久，中山王便指派司马熹以使者的身份出使赵国。在与赵王谈过公事后，司马熹与赵王的谈话便转入了闲谈。

在谈话间，司马熹故意说以前曾听说赵国是个出美女的地方，然而这次到赵国看了以后却感到很失望，因为他没有看到特别出色的。然后，他又大谈中山国的阴姬如何貌美如花，天下几乎无人能比。

荒淫无道的赵王听说后，恨不得马上把阴姬夺过来，因此就想让司马熹帮忙。这时，司马熹又赶紧说中山王是很喜欢阴姬的，他可做不了主，并且还说希望赵王不要把他们的谈话告诉中山王。

司马熹回国后，又私下里告诉中山王，说他听说赵王很喜欢阴姬，而且正在打阴姬的主意，想把她接到赵国做王妃。中山王听后，大骂赵王无耻，并向司马熹寻求办法。

司马熹趁机说："现在，赵国的实力比我们强大，如果他们派兵来攻打我们，抢走阴姬，我们也没办法。但如果直接把阴姬送过去了，别的国家肯定会耻笑我们懦弱，连大王的爱妃都要拱手相送。现在，只有马上立阴姬为王后，绝了赵王的念想，赵王也就无计可施了，因为我们还从来没听说过抢别国的王后为妻的事情呢！"

中山王听后，大赞司马熹的办法好。于是，阴姬就这样顺利地登上了王后的宝座。

■故事感悟

司马熹靠智慧使阴姬登上了王后的宝座。也正是因为他了解中山王，抓住中山王的弱点，才能做到这一点。这个故事告诉我们，在遇到问题时，要动一动脑筋，认识自己，了解别人，然后充分发挥自己的智慧，才能达到目的。

中山国的灭亡

公元前305年，赵国的武灵王发动了吞兼中山国的战役。这时，中山王因腐败无能，导致中山国的实力大不如前。因此，中山王只好向赵国割地求和，苟延残喘。两年后，赵军再一次进攻中山国。

公元前296年，中山国的国都灵寿陷落。在抵抗赵军的过程中，中山人吾丘鸠"衣铁甲，操铁杖以战，而所击无不碎，所冲无不陷，以车投车，以人投人"（《吕氏春秋》），顽强奋战。然而大势已去，中山国的将士和军民已经无法再使中山国死而复生了。

赵国在吞并中山国的初期，曾扶持傀儡的中山王胜。公元前295年，赵国又把胜废掉并迁到肤施（今陕西省榆林之南），中山国至此灭亡。

秦始皇启用李斯

秦始皇（公元前259—前210），嬴姓，赵氏，名政，又称赵政，后世俗称嬴政，自称"始皇帝"。战国末期秦国的君主，后经灭掉六国而统一中国，开创秦朝，成为中国首位皇帝（不含追尊皇帝）。秦始皇是中国历史上第一个皇权专制社会中央集权体制国家的创立者，也是中国历史上第一个使用"皇帝"称号的君主。秦朝的建立，对两千年的中国帝制历史和世界历史产生了深远影响。

秦始皇是第一个统一中国的皇帝。有人说他暴戾，但是，他所创立的伟大事业，只靠暴戾是不可能取得的。

秦始皇很爱惜人才。吕不韦的相国一职被秦王撤掉后，回到了封地洛阳，这时，一些王族对秦始皇说："那些宾客从外国来，必定是替他们的国君办事，会使我们秦国内乱，应该把他们驱逐出去。"

秦始皇听了他们的话，开始驱逐宾客，客卿李斯也在被逐之列。

李斯在临走之前，向秦始皇上书说："秦穆公在位时，到处寻求人才，从西戎族找到由余，在宛地找到百里奚，从宋国迎来蹇叔，从晋国召来丕豹和公孙枝，结果秦国强大了，吞并了20个国家，称霸西戎。

秦孝公在位时，任用商鞅，实施变法，诸侯全都归附于秦。秦惠王在位时，任用张仪，结果打破了六国的合纵联盟，使之归附于秦。秦昭王在位时，任用范雎，加强王权，堵塞私家势力。这四位有名的国君，他们都是因为采用了客卿的意见才使秦国强大起来。这样说来，客卿对秦国有百益而无一害。秦国不出产美女、音乐、珍珠和宝玉，可是您却在享用。对人才呢？您不问是否贤能，只问是不是秦国人。您是否觉得美女、音乐、珍珠和宝玉比人才更重要？我听说泰山不却微尘，故能成其大；河海不择细流，故能成其深。三皇五帝就是凭此而无敌于天下的。现在您却要把百姓抛弃，去援助敌国；把宾客赶走，叫他们去帮助其他诸侯国，这不是'把武器借给敌寇，把粮食送给强盗'吗？"

秦王看罢，马上召见李斯，恢复他的官职，同时也撤销了驱逐客卿的命令。

▢故事感悟

自古以来，有作为的君主总是把人才看成最重要的财富。只有那些昏庸的君主，才会把进忠言的人赶走。能够名垂青史的君王，一定是礼贤下士的贤君，绝不会是那些只爱听顺耳谗言的昏君。同理可证，那些流芳千古的君王，也绝不会是不珍惜人才的庸人。

▢史海撷英

秦灭赵国

公元前229年，秦国利用赵国发生大地震和大灾荒的时机，派大将王翦领兵攻打赵国。赵国马上派出李牧、司马尚等人率兵抵御。双方相持了一年。

　　为了尽快剿灭赵国，秦国使用了离间计，派大将王翦用重金收买赵王的宠臣郭开，让他散布李牧和司马尚企图谋反的谣言。赵王轻信传言，要派人取代李牧，而李牧却拒绝让出兵权，赵王便暗地派人处死了李牧，同时还杀掉了司马尚。

　　李牧死后，秦军便如入无人之境，迅速攻城略地，痛击赵军。

　　公元前228年，秦军攻破了赵国的都城邯郸。不久，出逃的赵王迁被迫献出赵国的地图，投降秦国。

　　赵国灭亡后，公子嘉带着一伙人逃到代郡（今河北蔚县）自立为王。公元前222年，秦国在灭掉燕国之后，将公子嘉俘虏。至此，秦国统一了北方。

□文苑拾萃

途经秦始皇墓

（唐）许浑

龙盘虎踞树层层，势入浮云亦是崩。
一种青山秋草里，路人唯拜汉文陵。

吕公智识刘邦嫁女

汉高祖刘邦（公元前256—前195），字季（一说原名季）。沛郡丰邑中阳里（今江苏丰县）人。汉族。秦朝时曾担任泗水亭长，起兵于沛（今江苏沛县）。后成为汉朝（西汉）开国皇帝，庙号为太祖（自司马迁时就称其为高祖，后世多习用之），谥号为高皇帝，所以史称太祖高皇帝、汉高祖或汉高帝。

刘邦是西汉王朝的开国皇帝。刘邦在打天下的过程中，除了他的谋臣将士之外，他的妻子吕雉也是功不可没。而刘邦娶得吕雉，源于一次参加吕雉的父亲吕公的聚会。

吕公与沛县的县令关系很好。有一年，为了躲避仇人，吕公便跟随沛县县令到沛县客居。而住在沛县的豪杰和官吏听说县令有一位贵客来临，都纷纷前去祝贺。

在这次聚会上，萧何担任主吏，负责迎接宾客和接收贺礼，并且聚会中还规定：送礼不足1000钱的人，只能在堂下就座。

当时刘邦正担任亭长，一向看不起县中的官吏，于是写了一张贺钱一万的礼单送了进去，实际上他一个钱币也没有。他一进门，就高喝"贺礼万钱"。众人一听，都大吃一惊。吕公也深以为奇，马上亲自到门口迎接。

吕公很善于给人看相，他一见到刘邦，便马上肃然起敬，引刘邦入上坐。于是，刘邦就坐在了上座，一点儿也不谦让。在席间，刘邦谈笑自如，还不时地对那些贵客流露出轻蔑和不屑的神色。

在宴会快要结束时，众位宾客都纷纷准备离开，吕公则以目示意，特意请刘邦留下。他对刘邦说："我年少时就喜欢给人看相，相过之人也有许多，但都没有一个能比得上你的，希望你能够好自珍爱。我有一个女儿，我愿意把她许配给你，作为你扶箕持帚的妻子。"

吕公的夫人知道这件事后，就埋怨吕公说："你经常说我们的女儿气质不凡，将来一定会成为贵人。前几天沛令向你求婚，你都没有答应，现在你怎么能把女儿许配给刘邦这样一个人呢？"

吕公根本不理睬夫人的话，最终将女儿吕雉许配给了刘邦。在吕公看来，刘邦除了相貌和气度不凡外，他豁达大度、不拘小节，表现出了藐视礼法传统、官吏豪富的大家风度，因此认定刘邦将来一定能够大有作为。

吕公的眼光果然不错，刘邦后来率众反秦，夺取天下，成为汉代的开国皇帝，而吕公的女儿吕雉也因此成为一代皇后。

■故事感悟

知人于未显之时，才是识人的最高境界。察言观色，可知其人。一个人给别人的第一印象，通过一言一行、一举一动，就可以折射出其内在品质。

■史海撷英

刘邦巩固汉朝的经济政策

刘邦在建立西汉王朝之后，便开始逐渐废除秦朝的苛刻法令，赦免徭役，从而减轻百姓的负担。

比如，西汉的经济制度规定：减轻田租，什五税一，"与民休息"，释放奴婢，凡民以饥饿自卖为奴婢者，皆免为庶人等。这些规定不但解放了生产力，"兵皆罢归家""以功劳行田宅"，让士兵复员归家，还给予这些被解放者土地及住宅，让他们都从事劳动生产，从而迅速恢复和提高了国家的经济实力。

此外，刘邦还鼓励生育，增加劳动力，同时大力发展农业，打击唯利是图的商人及残余的奴隶主阶级。

刘邦还接受娄敬提出的"强干弱枝"的建议，将关东六国的强宗大族与豪杰名家十余万口人迁徙到关中定居，从而使那里的百姓繁衍起来，得以生息。这些政策都令民心得以凝聚，国家得以巩固和发展。

■文苑拾萃

大风歌

（汉）刘邦

大风起兮云飞扬，
威加海内兮归故乡。
安得猛士兮守四方？

刘邦善用人才

　　陈平（？—前179），西汉阳武户牖乡（今河南原阳县）人。以谋略见长。在楚汉相争时，初在项羽手下做谋士，早期被项羽重用，因得罪亚父范增而逃归汉王刘邦帐下，曾多次献计策助刘邦。西汉建立后，陈平任右丞相，后迁左丞相，曾先后受封户牖侯、曲逆侯（今河北顺平东），死后谥献侯。"反间计""离间计"，均出自陈平之手。

　　汉高祖刘邦为何能在楚汉之争中最后取得天下？关键就在于他能够知人善任，同时也能正确地认识自己。他在称帝后所讲的三个"我不如"，就清楚地说明了这一点。

　　在年轻的时候，刘邦就胸怀大志，喜欢广交四方好汉。30岁时，刘邦当上了秦朝沛县泗水的亭长，相当于现在的一个乡村小官。

　　公元前209年7月，陈胜、吴广起义，天下百姓纷纷响应，起义的浪潮很快就波及到沛县地区。在这期间，刘邦与自己的好友萧何、曹参等人一起杀掉了沛县的县令，也正式宣布起义。

　　刘邦重用贤达人士，并善于运用集体的智慧，因此队伍很快就由弱变强，发展成为一支比较大的武装力量。后来又经过数次战役，最终直捣咸阳，推翻了秦王朝的统治。此后又经过4年楚汉战争，刘邦击败了项羽，统一中国，建立了西汉王朝。

在推翻秦朝的过程中，刘邦不计小节擢用陈平，也成为我国历史上的一段佳话。

陈平是阳武（今河南原阳东南）人，年少时家中贫困，与哥哥、嫂子住在一起。为了能够维持生计，他经常帮助别人办理丧事，但也只能勉强维持生活。已经到了结婚年龄，他也娶不起媳妇。

然而，陈平却胸怀大志。通过刻苦读书，他增长了很多见识和才能。在反秦斗争风起云涌的形势下，陈平离家出走，投奔了魏王。他屡献奇计，魏王却不予采纳。这时，又有人在魏王面前说陈平的坏话，陈平便离开魏王，投奔了项羽。

后来，陈平略施小计，便帮助项羽收服了殷王司马卬。但项羽是个心胸狭窄的人，用人也很多疑，陈平觉得他成不了大事，又离开项羽而投奔刘邦。通过魏无知的举荐，陈平被刘邦任为扩军都尉（负责调节诸将的关系）。

陈平从一个降将，一下子成了汉王的心腹，刘邦的老部下都纷纷表示不平。大将周勃和灌婴还对刘邦说："陈平虽然仪表堂堂，但未必具有真才实学。我们听说，他在老家时与嫂子私通，品行很不好。他由于没有得到魏王和楚王的重用，现在才来投奔您。您现在对他加官晋爵，他却不能忠于职守，还利用职权之便接受诸将的礼金。陈平这样一个反复无常的小人，怎么能有大用呢？请您好好考察一下！"

刘邦听了这些话后，将信将疑，便将魏无知找来，责备他说："陈平的品行这么坏，你为什么不跟我说清楚，反而一味地吹嘘他多么有才能呢？"

魏无知冷静地回答说："我举荐的是陈平的才能，而大王责备的是陈平的品行，这是两回事。如今楚汉相争，势不两立，失人者败，得人者兴。要想打败楚王，您就需要重用像陈平这样的人才，以协助筹划良策。至于盗嫂受金之事，您又何必那么介怀呢？"

　　刘邦听了魏无知的话，觉得也有道理，但心中还是不踏实，便又召见陈平，责问他说："你先是追随魏王而不称心，后来投奔楚王后私自离去，现在又来投靠我。你这样做，很容易引起别人的猜疑啊！"

　　陈平坦率地回答说："我之所以离开魏王和楚王都是有原因的。魏王固执己见，不纳忠言；楚王志大才疏，任人唯亲。我听说您善于重视人才，纳贤任能，所以才来归附。我刚到汉营，身无分文，需要维持生活，不得不接受诸将的礼金。如果您认为我的计策可取，就把我留下；如果你听信别人的闲话，不用我的计策，大家送给我的礼金我都原封未动，请您收回我的官印，我就此告辞。"

　　陈平说完，就准备离开。刘邦赶紧叫住陈平，挽留他。陈平的这一番话也打消了刘邦的疑虑，他立即向陈平道歉，同时还赐给他很多钱财，并升任他为护军中尉，负责监督和考察全军。从此以后，陈平便成为刘邦的重要谋士，不遗余力地为刘邦夺取天下出谋划策。

　　楚汉战争期间，刘邦与项羽在荥阳展开决战。项羽率领几十万大军不断攻击荥阳，令汉军在战场上陷入困境。这时，陈平便向刘邦献计说，可以利用项羽"意忌信谗"的弱点，施行离间计。刘邦觉得这个方法可行，就拨给陈平铜钱4万斤，让他去收买楚军的将领，离间项羽与诸将之间的关系。

　　于是，陈平便通过贿赂楚将和散布谣言，说楚国的钟离眛等大将由于屡建大功而不能封王，准备联合汉王刘邦歼灭项羽。

　　项羽听到这些传言后，果然起了疑心，派使者到汉营来探听虚实。

此时刘邦早已设下圈套，让人先准备一桌丰盛的宴席。当楚使来到后，陈平便故作惊诧地说："我以为是亚父范增的使者呢，原来你是项王的使者呀！"说完，他急忙命人撤了宴席，换上了一桌很差的饭菜。

楚使回去向项羽汇报，项羽果然怀疑范增暗地私通刘邦。这时，范增建议项羽应该速攻荥阳，而项羽却拒不采纳。范增也看出项羽开始怀疑自己了，对项羽说："天下大局已定，您自己好自为之吧，还是让我留着这把老骨头回老家去吧！"项羽也没有挽留，范增拂袖而去。

这样，项羽便失去了足智多谋、屡建奇功的重要谋士。

公元前209年，刘邦进军高阳（今河南杞县西）期间，儒生郦食其找到了刘邦身边的一名骑兵，对他说："我听说沛公为人傲慢，但很有韬略，正是我很敬慕的人物。我很想跟随他，请您先给我介绍一下。"

骑兵说："沛公十分讨厌儒生，见面时，你千万不要说自己是儒生。"

第二天，郦食其便拜见刘邦。这时刘邦正让两个侍女洗脚，其实是对郦食其表示轻蔑之意。郦食其见状，便故意慢腾腾地走到刘邦面前，不行大礼，只是长揖不拜，大声问道："您带兵来到这里，不知道是帮助暴秦攻打起义的诸侯，还是帮助起义的诸侯讨伐暴秦呢？"

刘邦一听郦食其这样说，大怒，大声地骂道："你这个可恶的儒生，暴秦无道，大家都争先恐后地攻打它，为什么还要说我助秦的话呢？"

郦食其却并不害怕，而是沉着从容地说："如果您真的想推翻暴秦，为什么对长者这样无礼？您应该好好想想，行军打仗是要有良谋的。如果您对贤人智士都这样傲慢，谁还会愿意为您献计献策呢？"

刘邦一听，马上起身行礼，恭恭敬敬地向郦食其道歉，并向他请教治国的方策。

郦食其说："您的兵马不到万人，又缺乏训练，要去攻打关中就像虎口探险一样，不如先去攻取陈留。陈留是天下的要道，也是兵家的必争之地，而且城中粮食充足。如果能占据陈留，再招兵买马扩充军队，等到兵强马壮时就能够横扫天下了。"

刘邦此时正在为军粮不足而发愁呢，听了郦食其之言，急忙问道："如果攻取陈留，先生有什么妙计吗？"

郦食其说："我与陈留的县令是旧识，可以劝他投降献城。如果他不投降，您就率师攻城。"刘邦听后，十分高兴。

于是，郦食其连夜赶到陈留城，劝说陈留县令降刘反秦。但是县令不愿起义，还挽留郦食其住了下来。夜半时分，郦食其出其不意地杀掉县令，回到了刘邦大营。

第二天，刘邦便带兵攻打陈留，并将县令的脑袋高高地悬在竹竿上示众。陈留城里的守军一见，立即打开城门投降了。就这样，刘邦没费太大的力气，就在陈留城获得了大量的粮草、兵器，为西进关中奠定了基础。

刘邦对萧何一直很器重，因为萧何具有杰出的政治和理财才能。在楚汉战争期间，刘邦在前线指挥作战，萧何在关中独当一面，主持后方的治理工作。

萧何主管法令、宗庙、社稷、宫室、县邑和一切大小杂务，权力很大，但是，刘邦对他一直都深信不疑，凡是萧何送来的报告，他也都一一批准实行；一时来不及上报的，他也允许萧何"便宜行事""先斩后奏"，使萧何可以放手大胆地办事，在关中安抚百姓，颁布法令，保证兵源，供给军粮。

楚汉战争初期，形势对刘邦很不利，但由于萧何不断为汉军提供兵力、物力的支持，最终刘邦才得以重振军威，打败项羽，统一天下。楚汉战争结束后，刘邦论功行赏时，将萧何的功劳排在第一位。

韩信是一位具有杰出军事指挥才能的大将，但他有时会不顾大局，太看重个人的权位。刘邦针对韩信的这些特点，用其所长，避其所短。

韩信早年曾参加项梁的起义军，却一直未得到重用，于是又投奔汉军。但是，初期刘邦也没有重用他，韩信便准备从汉营逃亡。萧何知道后，来不及同刘邦商量，就披星戴月地追回韩信，并建议刘邦封韩信为大将。

刘邦采纳了萧何的建议，设置立将坛，为韩信举行了隆重的拜将仪式，任命韩信为三军将领。

在拜将仪式结束后，刘邦问韩信："丞相极力推荐你，那么你将给我提供什么作战良策呢？"

韩信清晰精辟地分析了项羽虽强亦弱、刘邦虽弱亦强的原因，提出了"定三秦、灭项羽"的战略部署，让刘邦心服口服，只恨自己太晚重用韩信了。

韩信拜将后，屡建奇功，但也滋长了骄傲的情绪。在灭掉齐国后，韩信就想自立为齐王，派人向刘邦求封。

刘邦此时正与项羽激战，日夜盼望着韩信的救兵前来支援，没想到传来的却是韩信要求封王的消息，不禁怒火中烧，破口大骂。后来经过张良和陈平的提醒，他才恍然大悟，立即慨然允诺了韩信的请求，让韩信反叛刘邦的计划破产，从而赢得了楚汉战争天平上关键的一个筹码。

在楚汉战争当中，才能平平的刘邦之所以能够从弱变强，最终打败项羽，统一天下，知人善任是重要的原因之一。

刘邦的基本用人政策是：凡是能为自己的政治目的出力献策的，不管其出身经历如何，都会量才录用，并按功劳大小封爵授官。

比如，彭越出身渔民，以后又曾为"盗"；英布因犯秦法，被处以面上刺字的黥刑。但两个人都因战功卓著而被刘邦封王。

此外，以屠狗为业的樊哙封舞阳侯；马车夫夏侯婴官至太仆；曾以编织谋生的周勃，后来担任太尉（掌管全国军事）；布贩子出身的灌婴做了御史大夫；农民起义领袖郦商封曲周侯等。这些都足以表明刘邦的知人善任。

刘邦在称帝后不久，便在洛阳南宫的一次宴会上问群臣："我为什么能够得到天下，而项羽为什么会失去天下呢？"

文臣武将都纷纷发言，各抒己见，但刘邦认为大家都没有说到点子上。刘邦说："你们只知其一，不知其二。运筹帷幄之中，决胜千里之外，我不如张良；治理国家，稳定后方，安抚百姓，源源不断地供给军饷，我不如萧何；统率百万大军，攻城略地，战无不胜，我不如韩信。这三个人，都是当今豪杰，天下奇才，我能重用他们，这就是我能够得到天下的缘故。项羽只有一个范增，尚且不能重用，这就是项羽失败的原因。"

大家听了刘邦的分析，都心悦诚服。

■故事感悟

刘邦知人善任，最终走向成功。中国人历来提倡这种情操，认为这是成功的动力和阶梯。人要有自知之明，承认别人的才能，不嫉贤妒能，并善于利用他人的长处，补己之短，才能最终走向成功。

■史海撷英

陈平盗嫂受金

司马迁所著的《史记》中记载，有人指陈平早年曾与自己的嫂子私通，并因此而被流放。

这件事出自于《史记·陈丞相列传》，原文为：绛侯、灌婴等咸谗陈平曰："平虽美丈夫，如冠玉耳，其中未必有也。臣闻平居家时，盗其嫂；事魏不容，亡归楚；归楚不中，又亡归汉。今日大王尊官之，令护军。臣闻平受诸将金，金多者得善处，金少者得恶处。平，反覆乱臣也，愿王察之。"

据史书上记载，周勃、灌婴二人与陈平早年并不相识，而私通一事也只是"臣闻"，所以后来司马迁用了"谗"字来将这个传闻载入了《史记》。

■文苑拾萃

鸿鹄歌

（汉）刘邦

鸿鹄高飞，一举千里。
羽翮已就，横绝四海。
横绝四海，当可奈何。
星有矰缴，尚安所施！

萧何月下追韩信

萧何（？—前193），秦朝沛县丰邑（今江苏省丰县）人。汉朝初年的丞相，西汉初年著名政治家，汉初三杰之一，曾辅助汉高祖刘邦建立了西汉政权。高祖死后，他又辅佐惠帝。惠帝二年（公元前193年）卒，谥号"文终侯"。

韩信本来是项羽的部下，是一位有勇有谋的军事家。然而在项羽那里，韩信一直得不到重用，于是便投靠了刘邦。

开始时，刘邦只让韩信当了一个管理粮草的小官，韩信很失望。一次偶然的机会，萧何认识了韩信，发现韩信很有将才，便多次向刘邦推荐，可刘邦仍然没有重用韩信。

韩信见自己这么长时间在汉营中仍然得不到重用，就一气之下准备离开汉营。

萧何得知后，马上放下尚未处理完的公务，也没来得及向刘邦打招呼，便亲自策马去追赶韩信。

追赶了好久，萧何才看到韩信的影子，于是快马加鞭，大声喊着："韩将军！韩将军！"

萧何策马赶到韩信身边，气喘吁吁地问韩信说："韩将军，我们总算一见如故，算得上是朋友。现在你怎么连个招呼也不打，就这么走了呢？"

韩信一声不吭。萧何拉住韩信，让他跟自己回去。韩信不肯，萧何便极力劝说，并说因自己尚未向汉王保荐，才致使韩信受委屈了。

韩信见萧何言辞恳切，才又跟他一起回到了南郑。

第二天，萧何就去见刘邦，再一次向刘邦举荐韩信。刘邦很不以为然地说："一个韩信值得你这么极力推荐吗？还亲自跑去追他回来！"

萧何说："韩信是当今数一数二的杰出人才，跑了就再也没有第二个了。大王如果只想做个汉中王，没有韩信也就算了；但如果大王要夺取天下，那就必须用韩信不可。您到底准备怎么样？"

刘邦说："我当然是想打出去了！"

萧何说："既然大王决定出汉中，就应该重用韩信，这样他自然也会留下；如果不重用他，他终究会离开的。"

"那么……"刘邦下决心说，"就依着丞相，让他做个将军，怎么样？"

萧何说："叫他做将军，他还得走。"

"那拜他为大将军怎么样？"

萧何说："很好。"

刘邦随即便让萧何去召开韩信，马上拜他为大将军。

萧何直率地说："大王平时太不注重礼仪了。拜大将军是件大事，不是小孩子闹着玩儿似地叫他来就来。大王真要拜韩信为大将军，先得命人造起一座拜将坛，选个好日子，大王沐浴更衣，亲自戒斋，然后隆重地举行拜将仪式。这样，才能让全体将士都能听从大将军的指挥，就像听从大王的指挥一样。"

刘邦说："好吧，我都听你的，请你去办吧。"

几天以后，萧何命人筑好了拜将坛。汉王刘邦择了吉日，带领文武百官来至坛前，亲自当着众将领和士兵的面，拜韩信为大将军。

后来，韩信果然没有令刘邦失望，也没有辜负萧何的良苦用心。在楚汉战争中，韩信率汉军暗度陈仓，战荥阳，破魏平赵，收燕伐齐，连战连胜，还在垓下设十面埋伏，一举将项羽全军歼灭，为刘邦平定天下立下了汗马功劳。

■故事感悟

在楚汉战争中，韩信的军事才能得以充分发挥和运用，帮助汉王刘邦最终夺取天下，从一定程度上说，这同萧何的慧眼识才、倾力荐贤是分不开的。

■史海撷英

萧何得点拨获恩宠

萧何在用计策帮助刘邦除掉韩信后，刘邦对萧何更加恩宠。除了加封萧何外，还派了一名都尉率领500名兵士作为相国的护卫。众宾客见状，都纷纷向萧何道贺，萧何自己也十分得意。

这一天，萧何的府上又在摆酒席庆贺，一派喜气洋洋的景象。突然，有一位名叫召平的门客身着素衣白履，昂然来到萧何的府上吊丧。萧何见状，大怒道："你难道是喝醉了吗？"

召平本来是秦朝的东陵侯，秦朝灭亡后，他就隐居在城外的家中种瓜。由于他种的瓜味道甘美，人们都称他为东陵瓜。

萧何入关后，也听说过他的贤名，便将其招至幕下。每有行事，都会找他商量，获益匪浅。今天，召平见萧何仍然没有领会他的意思，就说："公勿喜乐，从此后患无穷矣！"

萧何不解，忙问道："我现在进位丞相，宠眷逾分，况且我行事一向小心谨慎，不敢稍有疏虞，君何出此言？"

召平说："主上南征北伐，亲冒矢石，而公安居都中，不与战阵，反得加封食邑，我揣度主上之意，恐怕是在怀疑您呀。您难道没看到淮阴侯韩信的下场吗？"

萧何一听，恍然大悟，猛然惊出一身冷汗。

第二天一早，萧何便匆匆入朝面见刘邦，力辞封邑，并拿出自己的许多家财拨入国库，移作军需。刘邦果然十分高兴，对萧何更是奖励有加。

■文苑拾萃

咏史上·萧何

（宋）陈普

三人断尽楚关梁，一诎雄吞十七王。
高帝功臣总功狗，汉家无爵赏萧张。

第三篇

博学多才乃为智

运筹帷幄曹刿论战

曹刿（生卒年不详），鲁国人。春秋政治家、军事家。

鲁庄公十年（公元前684年），齐桓公不顾管仲的竭力劝阻，派鲍叔牙率领大军讨伐鲁国。

在这之前，齐国和鲁国已经交战过几次，鲁国都被齐国打败了。现在听说齐国大军压境，鲁庄公吓得大惊失色，不知所措。这时，一直隐居的曹刿求见庄公，主动提出愿意为抵抗齐军而出谋划策。

庄公问曹刿："齐强鲁弱，我们能够打胜吗？"

曹刿反问："国君感到自己为百姓办了哪些好事，能使百姓和您同心同德去战胜敌人呢？"

庄公说："寡人虽然尽责不够，但还是时时想到百姓。吃穿不敢独享，常常分给人们。"

曹刿说："这就很好，但只靠施这些小恩小惠，百姓还是不会真心实意地跟随国君去作战的。"

庄公又说："寡人还能时刻想到百姓疾苦，凡是重要的诉讼案件，都会亲自考察，不因为自己所爱而滥赏，不因为自己所恶而加刑，一定都按实情做出处理。"

曹刿高兴地说："好！国君真能做到这样，我们就可以与齐国一决雌雄了。"

庄公进一步问曹刿："那么我们要用什么方法才能战胜齐国呢？"

曹刿说："打仗要根据战场的千变万化而随机应变，决不能事先凭空决定采取什么固定的战法。我愿与陛下一起率军前去作战，然后再根据实际情况谋划。"

庄公认为曹刿讲得很有道理，于是就同曹刿一起带领大军迎敌去了。

齐、鲁两军在长勺（今山东莱芜东北）摆开了阵势。由于一路进军顺利，齐国的主将鲍叔牙便产生了轻敌之心，首先下令击鼓进军，齐军呐喊着向鲁军阵地冲来。

庄公见状，也想击鼓迎战齐军，这时，曹刿连忙制止，并要庄公传令全军严守阵地，不得乱动和喧哗，擅自出战者斩。鲁军纹丝不动，齐军冲不破阵势，只好退了回去。

接着，鲍叔牙又第二次下令击鼓进攻，齐军再次重振精神，向鲁军的阵地冲来。而鲁军仍然岿然不动，齐军又一次退了回去。

鲍叔牙见鲁军两次都不出动，以为鲁军怯阵，下令第三次击鼓进攻。这时，曹刿果断地告诉庄公击鼓冲锋。

随着鼓声，鲁军阵中杀声骤起，士兵们像猛虎出笼一般冲杀过去。齐军这一次被杀得七零八落，丢盔卸甲，狼狈溃逃。

鲁庄公见齐军败退，便要下令立即追击，曹刿忙说："别急。"然后，他仔细察看了齐军逃走的车辙，又登上战车前的横木向齐军逃跑的方向瞭望了一阵，才要庄公下令全力追击。鲁军追杀了30余里，斩杀、俘虏了许多齐军，缴获了辎重无数，全胜归来。

战后，鲁庄公问曹刿为何要等到齐军第三次击鼓进军时才下令出击。曹刿说："打仗主要靠士气，而击鼓就是为了鼓舞士气。第一次击鼓进攻，士气旺盛；第二次击鼓进攻，士气就已经衰落了；待到第三次击鼓进攻，士气已消失殆尽了。而我军却是一鼓作气，勇气十足，当然就把对方打败了。"

庄公又问："那为什么齐军逃走了，你不让我的军马上追赶呢？"

曹刿说："大国之间交锋，虚虚实实，齐军虽退，也要特别提防有诈。"

庄公听罢，十分佩服，说："你是真正的军事家啊！"立即拜曹刿为大夫。

■故事感悟

曹刿的运筹帷幄在于他博学多知，在鲁庄公面前，能够正确地分析战争的有利因素和不利因素。在跟随庄公参战的过程中，他又根据战争的不同情况，为其出谋划策，终于取得了战争的胜利。

■史海撷英

鲁庄公晚年

鲁庄公在位的第三十二年（公元前662年），一病不起。由于他的夫人哀姜没有生下子嗣，所以也就没有"嫡嗣"。因此，鲁庄公就打算从"庶子"中选一位继承自己的王位。

鲁庄公与三弟叔牙商量，叔牙因为接受了二哥庆父的贿赂，主张立庆父为鲁国君主；鲁庄公又与四弟季友商量，季友则坚持要立鲁庄公与他的妃子所生的儿子公子斑，并逼叔牙发誓拥立公子斑。

　　该年八月，鲁庄公病逝，斑继承了君主位。庆父不甘心失败，便与哀姜暗中谋划，想要暗杀斑。这时，恰好有一个名叫荦的"圉人"（圉，养马的地方；圉人，养马的人），既有力气，也很鲁莽，因受到过鲁庄公的责罚而心怀不满，庆父便让荦乘着丧期打死了斑，另立哀姜的妹妹叔姜生的儿子姬开，这就是鲁闵公。

□文苑拾萃

春秋战国门·庄公

（唐）周昙

齐甲强临力有余，鲁庄为战念区区。
鱼丽三鼓微曹刿，肉食安能暇远谟。

叔孙通博学多才

叔孙通（生卒年不详），又名叔孙何。西汉初期儒家学者，曾协助汉高祖制订汉朝的宫廷礼仪，先后出任太常及太子太傅。

秦朝时期，秦二世胡亥在位期间，由于叔孙通有文学才能而被征为待诏博士。然而不久后，叔孙通便带着自己的一帮弟子逃离了秦朝的国都长安，来到薛郡，投奔了楚王项羽。

之后，叔孙通又投奔汉王刘邦，刘邦拜叔孙通为博士，号为"稷嗣君"。

公元前206年，刘邦称帝后，拜叔孙通为太常，赐金500斤。叔孙通一出皇宫，就把500斤黄金分给了自己的弟子。

汉高祖九年（公元前198年），叔孙通又被升为太子太傅。汉高祖十二年，叔孙通劝阻了汉高祖改封太子的想法。同一年，高祖崩，惠帝刘盈继位，封叔孙通为太常卿。随后，叔孙通为汉惠帝制订了宗庙仪法。

有一次，汉高祖刘邦的密友、将军夏侯婴乘坐马车行至长安东都门，马便鸣叫不止，不再走了，还不停地用蹄子刨土，刨了很久。

夏侯婴感到十分奇怪，就命令士卒掘开地面。士卒掘到三尺深的地方时，挖出了一座石椁。夏侯婴一看，石椁上刻着一些字。

这些字都是古异字，夏侯婴和身边的人都不认识。于是，夏侯婴就把博学多识的叔孙通请来辨认。

叔孙通一眼就认出来了，他说："这是蝌蚪文，翻译成今文就是：'佳城郁郁，三千年见白日。吁嗟！滕公居此室。'"

滕公就是夏侯婴的封号。夏侯婴一听，很害怕地说："天啊！难道我死后就要葬在这里吗？"

没想到这件事后来果然应验了。夏侯婴是沛郡（今安徽省睢溪县）人，与汉高祖刘邦是同乡，年轻时曾为沛郡马厩驾马。后来，他跟随刘邦四处征伐，屡立战功，刘邦封他为滕公。刘邦自立为汉王后，便赐夏侯婴为列侯，号昭平侯，又为太仆。

刘邦死后，夏侯婴又以太仆历事惠帝刘盈、高后吕雉及文帝刘恒。死后，谥号为文侯。此后，人们便以"佳城""滕公宅"比喻墓地。例如，唐人骆宾王诗《丹阳刺史挽词三首》之一云："佳城非旧日，京兆即新阡。"

唐人李端诗《张左丞挽歌》之一云："鸟来伤贾傅，马立葬滕公。"

唐人沈彬的住处有一棵大树，沈彬曾指着这棵树对儿子说："吾死可葬于此。"沈彬死后，人们在大树下挖墓穴时，发现一座古冢，其间有一古灯，台上有漆篆文写道："佳城今已开，虽开不葬埋。漆灯犹未灭，留待沈彬来。"

□故事感悟

叔孙通博学多识，不用翻阅文案，就能立刻认出那些碑石上的"蝌蚪文"，并能说出其中的含义，可见他的知识之渊博。

叔孙通制礼

刘邦在统一天下后，便在定陶被诸侯尊为皇帝，是为汉高祖。

刘邦称帝后，便下令废除秦朝的各种繁杂仪法，代以简易的规范。但是，他又感到君臣之间的礼节不够严格。叔孙通在得知刘邦的这一想法后，便自荐为刘邦制订朝堂礼仪。

叔孙通采用古代礼制，又参照了秦朝的仪法而制礼，并召儒生与其共同商议，一起制订了朝仪。

高祖七年（公元前200年），长乐宫建成，诸侯大臣都依朝仪行礼，次序井然。叔孙通所订的朝仪简明易行，适应了加强皇权的需要。他也因为这一功劳而拜奉常，其弟子也都晋封为郎。

高祖九年（公元前198年），叔孙通升为太子太傅。高祖十二年（公元前195年），高祖刘邦打算废掉太子刘盈，叔孙通以不合礼仪劝阻刘邦，刘邦接纳了他的意见，没有废掉太子。

惠帝刘盈即位后，又令叔孙通制订宗庙仪法及其他多种仪法。司马迁后来尊叔孙通为汉家的儒宗。

杜预博学又多识

杜预（222—285），字元凯。京兆杜陵（今陕西西安）人。西晋政治家、军事家、学者。生平最大功绩是灭掉东吴，统一中国。曾先后撰著《春秋长历》《女记赞》《盟会图》等，晚年著有《春秋左氏经传集解》《春秋释例》，论证严谨，考辨精微，是历代学者推崇的学术著作。

杜预是望族之后，他的祖父杜畿是三国时期魏国的尚书，父亲杜恕曾任幽州刺史。

年轻时，由于与司马懿的政见不和，杜预一直得不到重用。司马懿死后，由司马炎掌权。后来，司马昭了解到杜预很有学识，便很赏识他，还把自己的妹妹高陆公主嫁给杜预，杜预因此成了司马懿的女婿，被封为尚书郎，继承祖爵，封为乐亭侯。这也为他后来发挥自己的才华创造了有利的条件。

在司马昭的支持下，杜预开始参与魏国的军事。

魏元帝景元四年（263年），司马昭率兵攻打蜀国，兵分三路进军。其中一路是邓艾领兵3万人，向甘松（今甘肃迭部东南）进军；二路是诸葛绪率兵3万人向武街（今甘肃成县西北）进军；三路是由钟会率领主力10万兵马，向汉中进发，直逼成都。

当时，杜预正以镇西长师跟随钟会攻取汉中，进军剑阁，并在这次战役中初露锋芒。后来由邓艾偷渡阴平，直捣成都，取得了成功。

晋武帝泰始六年（270年）六月，杜预又协助安西将军石鉴出兵陇西，抗击鲜卑族的进攻。当大军到达塞外后，石鉴没有查清敌军虚实，便急于交战。而杜预审时度势，经过仔细分析后认为：我方来自长安，长途跋涉，而且仅有步兵300人，骑兵百余，又无粮草军需，如果孤军深入，与鲜卑军交战，他们人强马壮、士气高昂，我军必遭失败。

因此，杜预提出了"五不可，四不须"的原则，反对石鉴这样盲目出兵，主张应先养精蓄锐，筹集粮草，待到来年春天再出兵。

然而杜预的这一建议却未被石鉴采纳，石鉴强行出兵，结果不出杜预所料，石鉴的军队遭到大败。

第二年正月，匈奴左贤王刘猛举兵叛晋，拥兵自立。晋朝朝中急忙商讨御敌之策，杜预认为，现在不应劳师远征，建议"立田籍，建安边，论处军国之罢。又作人排新器，兴常平仓，定谷价，较盐运，制课调，内以治国，外以救边者五十余条"（《晋书·杜预传》）。

司马炎认为杜预的建议很合理，于是采纳了杜预的主张，以逸待劳，加强防务，发展生产，最终制止了边患的蔓延。这一措施也充分体现了杜预深谋远虑、料事如神的才华，因而后人称他为谋略家。

随着西晋政权的逐渐巩固，司马炎也加紧了消灭东吴的准备步伐。他首先采纳了卫将军羊祜的建议，一边分化瓦解吴军，一边屯田兴农，积极训练水军。

经过 10 年的努力，晋国的水军船多兵强，粮草丰裕。晋武帝咸宁二年（276年），羊祜请求出兵伐吴，因泰凉（甘肃甘谷、武陵）少数民族入侵和大臣反对而作罢。后来散骑常侍张华又请出兵伐吴，因计划不周，遭到失败，张华几乎被杀。

咸宁四年（278年）十二月，羊祜病故，遗言"举杜预自代"。杜预代其为镇南大将军，都督荆州军事，继承伐吴的事业。

孙权死后，吴国国内嫡庶争立，大臣对峙，互相残杀。新君孙皓骄奢淫逸，臣民怨声载道，长江上游防务松弛。

咸宁五年（279年）秋，杜预认为讨伐吴国的时机已经成熟，于是第一次上书请求发兵，司马炎决定"待明年方欲大举"。

杜预见司马炎还没有起兵之意，便感到心神不宁，并对长江防务又进行了观察，不见东吴船只上驰，这说明东吴的上下游首尾根本不能相顾，晋军应该此时乘虚而入。于是，他又一次上书陈说利害，要求伐吴，司马炎还是没有予以重视。

两次上书无效，杜预也没有因此而灰心。不久，他又第三次上书请求出战，并指出朝臣反对伐吴，乃是"计不出己，功不在身"，根本没有从国家的利益出发。如果东吴的孙皓加强防务，或由建业（南京）迁都武昌，集战船于夏口，明年再讨伐吴国就会失去最佳的时机。

当奏章送到宫中时，司马炎与张华正在下棋。张华见杜预的奏表与自己的主张不谋而合，便乘机向司马炎进谏说："陛下圣武，国富民强，吴主淫虐，诛杀贤能，当今讨之，可不劳而定，愿勿以为疑！"终于说服了司马炎。

晋武帝咸宁五年（279年）十一月，司马炎采取了羊祜的主张和杜预"随界分进"的战略计划,发兵20余万,分六路全面向东吴发起进攻。杜预则亲率一路自襄阳南下江陵(今湖北江陵),随后南下,直取交、广二州。

自从出任镇南大将军开始,杜预就十分注意加强防务,并于咸宁四年(278年)十一月,出其不意地进攻西陵(今湖北宜昌)。

当时,西陵是由吴国的大将张政镇守,但是布防混乱,疏于戒备。杜预在攻打过程中,没费多大的力气就生擒了大量吴兵。张政害怕暴虐的孙皓不能饶了自己,便没敢禀报真情。

杜预得知后,便给孙皓写了一封书信,详细地陈述了吴兵惨败的状况,并表示愿意生还俘虏。

这本来就是离间吴主与边将关系的一个计谋。孙皓接到书信后,果然大怒,一面调回张政,免官问罪;一面指派武昌监军刘宪督率张政部属,接替西陵防务。吴军的将领本来就对孙皓怀有戒心,现在又调换防务,这更令他们忧心忡忡,以致军心涣散。

现在,司马炎决心攻打吴国,杜预便率军自襄樊南下,围攻江陵。

江陵位于长江北岸,是吴国上游建平郡与下游江夏郡往来的必经之地,同时也关系着长江南岸的乐乡,因而战略位置十分重要。

但是,杜预却没有直接进攻江陵,而是先取上游。他与巴蜀一带的王浚率水军一同顺江东而下,东西夹攻,先取下西陵,斩了吴国的都督刘宪。接着,杜预又破荆门(西陵东)、夷道(今湖北宜都),杀掉了东吴夷道监军陆晏,继而进军乐乡。

乐乡是由孙歆把守的,这里面向长江,背靠麻山,防守十分严密,因此难以强攻。

于是,杜预便派管定、周旨、伍巢率奇兵800人偷渡长江,沿江到处竖立晋军的旗号;并且还派人潜入麻山,点燃烽火,造成晋军兵临城下的巨大声势，吓得吴军一万多人很快就投降了晋军。

这时，王濬的水军也赶到了乐乡，孙歆只得出城迎战，大败而归。周旨、伍巢乘机入城，直入帐下，生擒了孙歆，攻克乐乡。

这一战役令杜预声威大振，军中甚至出现了"以计代战一当万"的歌谣。

拿下西陵、荆门、夷道、乐乡之后，江陵孤立，断绝上游之援。镇守江陵的都督伍延负隅顽抗，一面派人出城诈降，一面列兵登埤（女墙）诱击晋军。杜预识破诡计，攻下江陵，斩了伍延。江陵失守，吴国上下震惊。

杜预拿下江陵后，便继续率军南下，陆续攻克了零陵、桂阳（今湖南郴县）、衡阳等地，又南下两广（今广东、广西），吴郡闻风归顺投降。

在此期间，杜预率领的晋军共斩获吴国都督、监军14人，牙门、郡守120余人，晋军完全控制了长江上游和江南各地。

杜预攻下江陵后，又说服了司马炎，直接攻取建业，改变了以陆战为主水战为辅的战略，而坚持以水战为主。他还授权王濬独立作战，乘胜顺江东下，并将自己的一万人马拨给王濬，使其攻取建业。

晋武帝太康元年（280年）三月，王濬率领的水军进达牛渚（今安徽当涂县西北），孙皓派游击将军张象率两万余人抵抗，结果望风而降。王濬又"戎卒八万，方舟百里"，进攻建业。孙皓绝望，只得到王濬的军门前请降。

这场战役完全在杜预的预料之中，因此史书（《读通鉴论》）中说："平吴之谋，始于羊祜。祜卒，举杜预以终其事。"

东吴被灭后，彻底结束了三国以来群雄割据的分裂局面，实现了全国的统一。杜预自然是功盖天下，被封为当阳县侯。

晋武帝太康五年（284年），杜预死于邓县（今湖北襄阳县北），享年62岁。司马炎念其功勋，追赠他为征南大将军。

■故事感悟

杜预为名将大儒，有古今罕见之奇才，古往今来，为人敬重，众口皆碑。

■史海撷英

杜预参与法律制定

咸熙元年（264年）七月，司马昭命荀勖、贾充、裴秀、郑冲等人改制礼仪、法律、官制等。当时，杜预任守河南尹，受命参与法律制定。

杜预所参与制定的这部历法，就是晋武帝泰始四年（268年）所颁布的《晋律》。杜预在《晋律》的《律序》中指出："律以正罪名，令以存事制。"（《太平御览》卷六三八）

《晋律》是我国法律史上明确区分律（刑法制度）、令（规章制度）概念最早的法典，它使晋朝的法律比汉魏时期旧律的界限更加分明，体系也更加完备。

杜预还在其中提出，法律是官吏量刑的标准，而不是讲道理的书。所以，法律应该条目省减，文字简明通俗，以便老百姓都容易弄懂，不轻易触犯。

依据杜预的主张，晋朝所制定的法律对汉魏时期的旧律施行了大刀阔斧的剪裁，只保存了2900余条，12.6万字。所以，后来的唐人称赞它"实曰轻平，称为简易"（《隋书·刑法志》）。

■文苑拾萃

杂咏一百首·杜预

（宋）刘克庄

征南满腹智，实似小儿痴。
汉水有涸日，沉碑无出时。

咏史下·杜预

（宋）陈普

晋武良心独未亡，娼家渎礼自多妨。
洛中冠盖无多日，元凯春秋亦短长。

谢灵运才高八斗

谢灵运（385—433），东晋将领谢玄之孙，小名"客儿"，人称谢客。又因袭封康乐公，被称为谢康公、谢康乐。浙江会稽人，原为陈郡谢氏士族。山水诗人，主要创作活动在刘宋时代。由谢灵运开始，山水诗便成为中国文学史上的一大流派。

南朝时期的谢灵运，是一位善于创作山水诗的文学家。他自幼聪明好学，读过很多书，因而也很受到祖父谢玄的宠爱。

谢灵运出身于东晋的大士族。由于袭封康乐公的爵位，因而世人都称他"谢康乐"。

谢灵运虽然身为公侯，却并没有什么实权，后来被派往永嘉任太守。谢灵运自叹怀才不遇，便常常丢下公务，寄情于游山玩水。

后来，谢灵运干脆辞掉官职，移居会稽，经常与友人饮酒作乐。当地的太守派人劝他节制一些，却被他怒斥一顿。可是，谢灵运所写的山水诗却深受人们的喜爱。他每写出一首新诗，立刻就会被人争相抄录，而且很快就流传开去。

宋文帝继位后，将谢灵运召回京城担任官职。宋文帝将谢灵运的诗作和书法赞为"两宝"。

谢灵运时常纵情于山水。有一次,他对迷信佛事的会稽郡守说:"得道是要靠慧根的,你升天会在我前面,但成佛一定会在我后面。"

在家乡游玩的时候,谢灵运的后面经常跟随着数百名仆役,浩浩荡荡,兴师动众。有一次,他率仆役在世袭的南山游荡,遇林开路,见水架桥,不觉间竟然进入相邻的临海郡境内。临海太守误为盗贼入境,匆忙带兵前来抵御。

谢灵运还发明了一种木屐,上山时去掉前齿,下山时去掉后齿,成为登山者效仿的工具。数百年后,诗人李白在攀登浙江境内的天姥山时,脚上踏的就是"谢公屐"。

■故事感悟

正因为谢灵运才高八斗,他才能正确认识自己,寄情于山水,创作出一首首令人传唱的诗词。他能够运用自己的才学去开拓创新文学,也为后人留下了一首首脍炙人口的佳作!

■史海撷英

店家女巧对谢灵运

谢灵运在任永嘉太守期间,经常四处走访,体察民情。

有一天,谢灵运来到景宁鹤溪山村,晚上就寄宿在溪边的一个客店内。吃完晚饭后,正拥着被子躺在床上看书,忽然传来一阵"噔噔噔"的上楼梯声,有人上楼来给他送茶。

谢灵运抬头一看,见进来一位十五六岁的姑娘,打扮得很朴素,一条丝带扎住了满头的秀发。谢灵运随口就吟道:"六尺丝带,三尺缠头三尺挂。"

不料，姑娘朝谢灵运淡淡一笑，便答出了下句："一床棉被，半床遮身半床空。"

谢灵运一听，不由得大吃一惊，没想到这姑娘很有才气，对仗如此工整，只可惜口气有点轻飘：我男你女，你怎么好意思说我棉被半床空呢？因此，谢灵运又说了一句："竹本无心，偏生许多枝节。"

姑娘一听，知道刚才自己随口所对的句子让谢灵运误会了，便马上答道："藕虽有孔，不染半点污泥。"

说完，姑娘离房而去。谢灵运目送着姑娘的背影，自言自语地说："山高溪小，偏出如此奇女。"

偏偏姑娘在下楼梯时听到了这句，便又朗声对答道："地僻村贫，莫嫌怠慢贵客。"

■文苑拾萃

道路忆山中

（东晋）谢灵运

采菱调易急，江南歌不缓。

楚人心昔绝，越客肠今断。

断绝虽殊念，俱为归虑款。

存乡尔思积，忆山我愤懑。

追寻栖息时，偃卧任纵诞。

得性非外求，自已为谁纂？

不怨秋夕长，常苦夏日短。

濯流激浮湍，息阴倚密竿。

怀故叵新欢，含悲忘春煖。

凄凄明月吹，恻恻广陵散。

殷勤诉危柱，慷慨命促管！

赞宁学富五车洞古博物

赞宁（919—1001），北宋僧人，俗姓高。吴越吴兴德清（今属浙江）人。先人曾是黄河流域的渤海郡人，隋末徙吴兴郡清德县。后唐天成年间，赞宁在杭州祥符寺出家，先学四分律，精研三藏。后往灵隐寺，习南山律，旁通儒、道二家。文辞颇善，与人谈论，辞辩纵横，虽东方朔、张茂先亦不能过，人称"律虎"。吴越武肃王时，曾任监坛和两浙僧统，赐号明义。后宋太祖又赐赠紫衣，宋太宗征他入汴京，赐号"通慧大师"。太平兴国初奉诏编修《大宋僧史略》三卷，记载佛教事务及典章制度的起源和沿革。著作有《四分律行事钞音义指归》三卷（已佚）、《舍利宝塔传》一卷、《护塔灵鳗菩萨传》一卷等。

宋代的佛教史专家赞宁，不仅精于佛学，而且知识广博。

有一次，柳仲涂问："我前些年在扬州当地方官时，公堂后边的菜园子里遇阴雨天气就有青色焰火，如果靠近它接触它就散开了。这是什么现象？"

赞宁当即回答说："这是磷火。战争中死伤者的血或牛马血流在土壤里，则有磷凝聚在土中，虽经历千年之久也不会散掉。"

柳仲涂一听，十分敬佩，忙向赞宁行礼，说："我在那里发掘过，有不少断枪折镞，那里是古战场啊！"于是写诗赠给赞宁，其中有"空门今日见张华"的句子，用晋代大学问家《博物志》的作者张华来比喻赞宁，表示对他的敬意。

江南的徐知谔得到一幅奇画，画的是牛。白天观看，画中的牛在地里吃草；到夜里再看，牛回到栏内安卧了。徐知谔把这幅画献给了南唐后主李煜。

宋王朝统一江南后，李煜把此画献给大宋皇室。

宋太宗曾将此画挂在皇宫后苑，让群臣观看，并研究画面昼夜变化的原因，但满朝文武没有知道的。

最后还是赞宁解释了其中的原委，他说："日本南部海岛沿岸在退潮或海面下降时，有滩涂的碛石微露在外，在那里拾得的蚌蛤风干后，里面余有残泪不干，仅数滴。用它来调和颜色，涂在物件上，白天看不出来，夜晚无光时则显现出来。相反，在沃焦山不时有大风能飞沙卷石，有石块落在海岸，拾到它滴水磨石，用来染东西，则白天显现，到夜晚则晦暗不见。"

诸位大臣听了他的解释，以为是无稽之谈。赞宁说："这些知识记载在张骞的《海外异物记》中。"

杜镐检索三馆书目，果然在六朝旧本中看到了有关记载。赞宁之所以知识这样渊博，正是他平时勤学的结果。

■故事感悟

赞宁能够详细地解释令所有人迷惑的现象，并说明其来龙去脉，可谓是学富五车。这个故事说明，孤陋寡闻是可怕的，只有不断学习，不断用知识丰富我们的头脑，才能懂得事情的本末，才能洞悉世道。

■文苑拾萃

寄赞宁上人

（宋）王禹偁

支公兼有董狐才，史传修成乙夜开。
天子远酬丹诏去，高僧不出白云来。
眉毫久别应垂雪，心印休传本似灰。
若念重瞳欲相见，未妨西上一浮杯。

刘原父博学多识

刘敞（1019—1068），字原父。新喻（今江西新余）人。仁宗庆历六年（1046年）进士，以大理评事通判蔡州。皇祐三年（1051年），为太子中允、直集贤院。至和元年（1054年），迁右正言、知制诰。至和二年（1055年），出使契丹。至和三年（1056年），知扬州。嘉祐四年（1059年），知贡举。嘉祐五年（1060年），以翰林侍读学士充永兴军路安抚使、兼知永兴军府事。神宗熙宁元年（1068年）卒于官。著有《公是集》七十五卷，今佚。

北宋学者刘原父，知识广博，根底深厚。

刘原父在长安的时候，有人得到一件珍贵的古代铁制刃器，制作的工艺非常精巧；器下的大环是用一条缠绕的龙做的，而其首则是鸟的样子，人们都不能辨识这是个什么器物。

刘原父研究以后，说："这是建立夏政权的匈奴人赫连勃勃所铸的龙雀刀，就是被人称作大夏龙雀的那一种。"后经查问，这件刃器正是在陕北筑青涧城时掘地得到的，那里正是当年夏国的疆土。

长安李士衡家里收藏着一块珍贵的端砚，砚下铭刻的文字是："天宝八年冬端州东溪石刺史李元书。"

刘原父见砚大笑，说："天宝的年号怎么能有多少年的记法呢？从一改元天宝就称为'载'了。而且，那个时代的州都普遍地称为'郡'，刺史都称为'太守'，直到至德年间才改过来的。"

从那以后，李氏的砚再也不拿出来夸耀于人了。

■故事感悟

正所谓"一叶落而知天下秋"。正因为刘原父知识渊博，他才能知道砚台的来龙去脉。一个人没有知识是可怕的，很容易显得孤陋寡闻。我们也应该以这个故事为启示，用丰富的知识去武装自己的头脑。

■文苑拾萃

和刘原父澄心纸

（北宋）欧阳修

君不见曼卿子美真奇才，久已零落埋黄埃。

子美生穷死愈贵，残章断稿如琼瑰。

曼卿醉题红粉壁，壁粉已剥昏烟煤。

河倾昆仑势曲折，雪压太华高崔嵬。

自从二子相继没，山川气象皆低摧。

君家虽有澄心纸，有敢下笔知谁哉。

宣州诗翁饿欲死，黄鹄折翼鸣声哀。

有时得饱好言语，似听高唱倾金罍。

二子虽死此翁在，老手尚能工剪裁。

奈何不寄反示我，如弃正论求俳诙。

嗟我今衰不复昔，空能把卷阖且开。
百年干戈流战血，一国歌舞今荒台。
当时百物尽精好，往往遗弃沦蒿莱。
君从何处得此纸，纯坚莹腻卷百枚。
官曹职事喜闲暇，台阁唱和相追陪。
文章自古世不之，间出安知无后来。

纪晓岚巧对乾隆帝

　　纪昀（1724—1805），字晓岚，又字春帆，晚号石云，又号观弈道人、孤石老人、河间才子，谥号文达。清乾隆年间的著名学者、政治人物。直隶献县（今河北献县）人。官至礼部尚书、协办大学士，曾任《四库全书》总纂修官。

　　纪昀是清代翰林院大学士，字晓岚，博学多才。

　　有一天，乾隆皇帝故意问纪昀：什么叫"忠孝"？

　　纪昀背书似的回答说："君要臣死，臣不得不死，为忠；父要子亡，子不得不亡，为孝。"

　　乾隆就想难为一下纪昀，所以便说："现在我命你去死！"

　　"臣领旨！"纪昀毫不犹豫地说。

　　乾隆又问他打算怎样死，纪昀说去投河。

　　"好，准许你投河！"乾隆说罢就坐下来看书。他知道聪明过人的纪昀不会真的去死，只想看看他如何应对。

　　果然，纪昀出去一会儿就回来了，乾隆便问他为什么没死？

　　"我来到河边，正想往下跳，"纪昀煞有介事地说，"突然屈原从水里走上来，硬将我抱住。他叫我回来问一问皇上，所以便转了回来！"

"问我什么？"乾隆感到奇怪。

纪昀答道："屈原说，当年楚襄王是个昏君，他才不得不死。如今皇上是不是昏君？你回去问清楚皇上，如果他说是真的，你再死也不迟呀！"

乾隆听了大笑，说："得啦，我算服了你啦！"

□故事感悟

诙谐之间，我们便可感受到纪晓岚博学多才的大智慧。所谓伴君如伴虎，如果纪晓岚没有丰富的知识和敏捷的思维，不能够从容应对，那么他的命运如何，我们便可想而知了！

□史海撷英

纪晓岚题联讽庸医

相传纪晓岚生活的时期，附近住着一位庸医，医道拙劣，曾给纪晓岚误诊了好几次，纪晓岚对他十分不满。

然而，这位庸医偏偏再三请求纪晓岚的"墨宝"，其用意当然是想借纪晓岚的名望来抬高自己的身价。

纪晓岚推托不了，只好替他写了一块匾额——"明远堂"。庸医见这三个字写得很漂亮，名字也很响亮，就高兴地带着回去了。

旁人都不明白纪晓岚题的这三个字究竟是什么意思，就问他。纪晓岚解释说："经书上不是有'不行焉，可谓明也已矣'和'不行焉，可谓远也已矣'的句子吗？像这样的医生，只好说他'不行'。"

　　听的人不禁哑然，又问纪晓岚："假如这医生再来纠缠不休，定要配副对联，你打算怎样？"

　　纪晓岚回答说，自己早已想好了两副对联，一副五言对联，是把孟浩然一首五言律诗里的"不才明主弃，多病故人疏"两句变换两个字，成为："不明财主弃，多故病人疏"（上联中的"不明"是指医道不高明，"财主"就是指求医的病家，下联中的"故"字解释为"事故"）；另一副七言对联，上联是用杜甫《兵车行》诗里的现成句子"新鬼烦冤旧鬼哭"，下联是用李商隐《马嵬》诗里的现成句子："他生未卜此生休。"

■文苑拾萃

蹀躞骄骢

（清）纪晓岚

蹀躞骄骢看杏花，樱桃会后暂还家，
烟波一片孤帆影，便是仙人贯月查。
放眼澄江万里秋，飘然一叶似渔舟，
谁知水驿停桡处，楼上珠帘总上钩。

蒲松龄请宴奚宰相

蒲松龄（1640—1715），字留仙，一字剑臣，别号柳泉居士。山东淄川（今淄博市淄川区）汉人，世称"聊斋先生"。

蒲松龄在屡次考试不中后，便回家乡蒲家庄教书去了。在教书之外，他便将满腔的忧愤全部倾注在自己的著作《聊斋志异》上，从来不与官场人物来往。

有一天，蒲松龄忽然收到了宰相的一份请帖，上面写着："请吃半鲁。"

蒲松龄对这类请帖一向都是深恶痛绝，老百姓连饭都要吃不上了，而那些为官者却还每天吃着山珍海味。

于是，蒲松龄就对送请帖的来者说："我身体不佳，不能前往，请回复宰相谅解。"

妻子在一旁听说蒲松龄不去赴宴，便认为这样做不妥。她对蒲松龄说："这样做不好，人家一是宰相，当了官又没忘记旧友；二是您和这位宰相曾经同窗共读，不论从哪方面来说，还是应该赴宴的。"

蒲松龄沉思良久，最后还是听从了夫人的建议，决定赴宴。

来到宰相家里后，席宴刚一开始，两位使女就抬着一盆鱼汤送上桌。宰相恭敬地说："请多多包涵，小弟入官以来，一直默守清廉，不涉烟尘。这并不是什么席宴，只不过是想请尊兄尝试一下怎么浑水摸鱼而已。只有悟清此中奥妙，才可步入尘世。"

蒲松龄一听，感到很不愉快，认为人生本来就该出污泥而不染。于是，他就想出了一个办法，想着来日回敬一下宰相。

几天后，蒲松龄果然采用同样的方式宴请宰相。宰相在接到蒲松龄送来的"请吃半鲁"的请柬后，欣然前往。

来到蒲松龄门前后，看到茅房破屋，宰相心里不由的产生一种怜悯感。想当年，同窗共读，老兄的学识远远超过我好几倍呀，只可惜性情刚直，对世态炎凉时常感到不满，加上又没钱打点各级考官，竟然落到如此地步。

于是，宰相就想取些银两救助蒲松龄。蒲松龄却坚决不收，只和宰相叙旧，却始终不提赴宴一事。

坐了一会儿，宰相感觉腹中饥饿，不时地到屋外张望太阳。但直到太阳偏西，仍然没有入席的动静。宰相饿得实在受不了了，就问蒲松龄："尊兄何时开宴呀？"

蒲松龄随口答道："一日三餐已毕，您又吃足'半鲁'，为何还要开宴呢？"

宰相恍然大悟，"鲁"字的下面，明明是个"日"字啊，我叫他吃了上头，他却叫我吃下头，这个含义可不一样呀！这个下头吃进去，不是满肚里的太阳吗？这不是明明劝我当个怀抱太阳的明官吗？

宰相满脸羞愧地离开了。

■故事感悟

宰相虽挨了一天的饿，却领悟了做官的道理，这也是蒲松龄给他的一点教训吧！足见蒲松龄博学的知识和睿智的思想。

■史海撷英

蒲松龄的著作

蒲松龄从年轻时期就开始着手创作《聊斋志异》，只是一直断断续续地未能结集。

康熙九年（1670年），蒲松龄在江苏省宝应县为同乡进士孙蕙做幕僚，后来随往高邮，一年后回到家乡，在一个姓毕的人家做私塾老师。毕家有一座石隐园，景色优美，环境幽雅，而且还有诸多的藏书，再加上馆东的支持，蒲松龄才决心续写完这部巨著。

从此，蒲松龄便"子夜荧荧，灯昏欲蕊，萧斋瑟瑟，案冷凝冰"，寒来暑往，日复一日地创作，终于"集腋成裘""浮白载笔"，完成了他的"孤愤之书"。

后来，蒲松龄还以淄川一带的方言撰写了《墙头记》《慈悲曲》《姑妇曲》《磨难曲》等14种通俗俚曲及《闹馆》等戏。

在创作小说、诗文、俚曲、戏剧的同时，蒲松龄还编撰了《日用俗字》《农桑经》《药祟书》等多种科普资料类的工具书，充分体现了他的救国救民思想。